沈莲清 著

故乡苏州

蘇州

我心中的眷恋

U0749527

浙江工商大学出版社
ZHEJIANG GONGSHANG UNIVERSITY PRESS
杭州·

图书在版编目 (CIP) 数据

故乡苏州：我心中的眷恋 / 沈莲清著 . — 杭州：
浙江工商大学出版社，2020.5
ISBN 978-7-5178-3262-1

Ⅰ . ①故… Ⅱ . ①沈… Ⅲ . ①城市史—苏州 Ⅳ .
① K295.33

中国版本图书馆 CIP 数据核字（2019）第 109323 号

故乡苏州：我心中的眷恋
GUXIANG SUZHOU: WO XINZHONG DE JUANLIAN
沈莲清 著

责任编辑	张婷婷
责任校对	张春琴
装帧设计	林朦朦
责任印制	包建辉
出版发行	浙江工商大学出版社
	（杭州市教工路 198 号 邮政编码 310012）
	（E-mail：zjgsupress@163.com）
	（网址：http://www.zjgsupress.com）
	电话：0571-88904980 传真：0571-88831806
印　　刷	浙江全能工艺美术印刷有限公司
开　　本	710mm×1000mm　1/16
印　　张	20
字　　数	317 千
版 印 次	2020 年 5 月第 1 版 2020 年 5 月第 1 次印刷
书　　号	ISBN 978-7-5178-3262-1
定　　价	76.00 元

序

　　江南是活在梦里的,姑苏是活在心里的。每个人的心中,都停驻着一个别样的苏州。

　　美国作家福克纳曾经说过:"我的像邮票那样大小的故乡,是值得好好描写的,而且,即使写一辈子,我也写不尽那里的人和事。"苏州,从来都是一个反复被书写的对象。对于自己的故乡,每一个苏州人都有着专属于自己的那份情怀和独一无二的"书写"方式。我也不例外。

　　前些日子,无意间在网上看到这样的文字:"苏州"二字,是我见过的最短的一首情诗。这样的表述,我并不觉得夸张。就在这一瞬间,对故乡的情感和思绪活泼地呈现在我的脑海中。

　　话题要从古城苏州的一个地名说起。

　　小时候,先是知道了《枫桥夜泊》这首唐诗描写的就是苏州,可当时的自己还不能完全读懂作者的情怀。后来,在语文课本中又读到了周敦颐的名作《爱莲说》,发现自己家所在的地名"濂溪坊"竟然与这位北宋文学家有关。周敦颐,别号濂溪老人,晚年辞官来到苏州居住,建"濂溪书院"讲解道学,写下了励志名言"出淤泥而不染,濯清涟而不妖"。明朝年间,时人为纪念周敦颐将其故居由宅改为祠,名濂溪祠,并将巷名"布德坊"(宋前六十古坊之一)改为"濂溪坊"。"濂溪坊"所在马路现已拓宽,改名为干将路,是苏州城东西主干道。干将,春秋时期吴国的著名工匠,铸造了难以计数的宝剑,为吴国的强大做出了贡献。有关他的事迹,苏州人几乎无人不晓。濂溪坊不长,西起临顿路南头的顾家桥,东至平江路口的苑桥。我家就在濂溪坊临河的老宅里,粉墙黛瓦,水巷潺潺。平日里见惯了这样的场景:河滩头上有人在做各种淘洗,手摇小船缓缓经过，窗外是耸立千年的双塔，不远处定慧寺里不时传出香烟梵音。那时的河水虽不见得清澈，却也没有什么工业污染。依河而建的民居多为上了年纪的老房子，白墙青瓦，木栅花窗，清淡分明。墙面剥落处攀生出许多藤萝蔓草，随风摇曳，神采灵动。

往后的日子里我又陆续得知，就在濂溪坊不大的范围内，散落着很多名人遗迹，其中有近代教育家、小说家金松岑故居等。定慧寺与双塔罗汉院之间隔着一条小小的精致弄堂，名叫苏公弄，相传北宋大诗人苏东坡与定慧寺的和尚关系密切，苏东坡在苏州时经常到寺内饮酒赋诗，寺内住持和尚让出住房和花园，供苏东坡起居。后人为纪念苏东坡，便将定慧寺旁的弄堂叫作苏公弄。白蚬桥南堍有一座大院落，相传金圣叹曾经在这里住过；据说宋代田园诗人范成大，元代诗人、画家柯九思，清代经学大师惠周惕等历代名人都曾在这一带居住。

从濂溪坊往西大约一站路，是我曾经就读的苏州市第一中学。这所创办至今已有110多年历史的学校，先后有著名诗人柳亚子、画家颜文樑、作家程小青、语言学家吕叔湘等名人名家在此任教，叶圣陶、顾颉刚、顾廷龙、吴湖帆、胡绳、陆文夫、袁伟民等一大批杰出人物和32位"两院"院士毕业于该校。

濂溪坊不过是这座千年古城的一个缩影，苏州的每一个老地名、旧街巷背后都有一段动人的故事，或载入史册，或流传民间。每次回到苏州，只要时间允许，我无一例外地都会去这些地方走一走、看一看。古老的历史与生动的现实在脚下交汇，人文苏州的基因和密码在这样的时空里显得如此真实、丰富和精彩。这些普普通通的街巷不仅承载着过去的风风雨雨，也记载了苏州人前进的脚步。

长久以来，深深眷恋着苏州的我一直在思考：苏州和别的城市相比有什么样的独特性？苏州人究竟有什么不同于其他城市居民的特质？城市魅力的精髓是人文精神，"崇文"是苏州的特殊魅力所在。从当初的"崇文、融和、创新、致远"到现在的"崇文睿智，开放包容，争先创优，和谐致远"，"崇文"始终位列"苏州精神"之首。"崇文"被定格成为苏州的城市魅力，体现了这座城市所特有的风貌、风格以及所蕴含的文化个性和文化品位。在十六字的"苏州精神"中,我寻找到了答案。

20世纪90年代的某一天,作家陆文夫在苏城小巷偶遇一对苏州母女。母亲推着自行车,车上坐着一个七八岁的女孩,女孩手里抱着和她个头差不多高的琵琶。陆文夫问这位母亲,是不是要把女儿培养成评弹演员?那位母亲的回答令"陆苏州"为之动容:"不一定,苏州的女孩子应该懂得评弹,就像维也纳的人都懂得钢琴似的。"这是陆文夫在《苏州杂志》上叙述的他曾经亲身经历的一件事。当时读来,感觉无比真切熨帖。对于生于斯、长于斯的我来说,类似的日常生活场景,感觉是再普通和熟悉不过的了。

"苏州"二字,是我见过的最为深刻隽永的一首情诗。

沈莲清

2019年1月

目　录

1

苏州味

·苏州景·

引　言

全国首批历史文化名城，十大重点旅游城市，国内唯一荣获第三届"李光耀世界城市奖"殊荣，连续5年入选"中外城市人才吸引力榜单"，首个开通地铁的地级市，综合竞争力在全国名列前茅……上述内容，属于同一座城市。

同样是这座城市，竟然还具备极富东方文化神韵的另一面：天安门是苏州人设计的；电视剧《西游记》中西梁国的城门是苏州的盘门，它的建造者是春秋时期吴国名相伍子胥；《红楼梦》"芦雪亭联诗"中的白雪红梅场景，是在苏州城西太湖边光福古镇香雪海的梅林里拍摄的，对了，"黛玉葬花"这段也是在香雪海拍的；兵家鼻祖的《孙子兵法》是在苏州诞生的；语文课本里的"专诸刺王僚"发生在苏州；孔子72弟子中，71个是北方人，唯一的南方人是苏州人言子；没有白居易，就没有苏州的七里山塘；与姑苏城同龄的古镇甪直，因"天下罗汉两堂半"中的"半堂罗汉"和水乡妇女服饰而闻名天下；苏州的城隍庙以前是周瑜的府邸；陈圆圆曾经住在苏州桃花坞，那里还曾是唐伯虎的家；范仲淹是苏州的治水功臣；因为苏州精美的丝织品，所以有了一条太监弄；十全街得名于乾隆皇帝……

站在阊门城墙上，可以远眺整个城市，北寺塔和东方之门尽收眼底，勾连起悠悠千年的吴门烟水与高速发展的"城市物语"。这就是苏州，一个沉浸在烟雨迷蒙和山水人文里惊艳了时光温柔了岁月的城市。

苏州素有"东方威尼斯"之称，小桥流水，粉墙黛瓦，吴侬软语，风物清嘉。苏州是多姿多彩的，既是历史文化名城，也是日新月异的现代活力之城。你可以在这里追溯历史，也可以在这里追逐时尚；可以在这里找回曾经，也可以在这里看到未来。未来5年，苏州将努力打造具有全球影响力的先进制造业基地、具有独特魅力的国际文化旅游胜地、具有创造活力的全国科技创新高地。最终，苏州将建成具备较强综合竞争力的国际化大都市。苏州，已经驶上发展的快车道。

10多年前，苏州在荣膺"CCTV中国最具经济活力城市"这一称号时，一段颁奖词给人留下了深刻印象：一座东方水城，让世界读了2500年；一个现代工业园，用10年时间磨砺出超越传统的利剑。她用古典园林的精巧，布局出现代经济的版图；她用双面刺绣的绝活，实现了东方与西方的对接……

近日，苏州入选美国著名旅游杂志 *Travel+Leisure* 评选的2017年全球50个最佳旅行目的地榜单，而且是全国唯一入选城市，亚洲仅有5个城市入选。与苏州一同入围的既有具有南美风情的 Angra dos Reis（巴西），又有拥有欧洲情调的 Devon（英格兰），个个都是别具魅力。杂志这样形容苏州：距离上海高铁半小时车程，这座2500年历史的城市如同双面绣。古典园林（其中9座被列为世界遗产）、几个世纪以来艺术家和诗人辈出、水道密布的古城和粉墙黛瓦的建筑是她最为人所知的标志。迅速崛起的工业园区吸引了众多世界五百强企业落户，是居民和常住的外国人休闲娱乐的好去处。华东地区首座引领城市发展与革新的城市共生体，具有苏州规模最大、区位最优、业态最全城市载体功能的"苏州中心"商圈就在这里。购物休闲中心时代广场，如同"伦敦眼"的摩天轮，各式各样的餐厅、酒吧、剧院、音乐厅，以及金鸡湖音乐喷泉都坐落在工业园区，而且至古城，地铁只需10多分钟……

我不禁自问：作为苏州人，我又该如何向人介绍苏州？她是"人间天堂"，她是"东方水城"，她是"鱼米之乡"，她是"丝绸之府"，她是"园林之城"，她是"工艺之肆"……其实，苏州的名片还有很多很多。古韵今风共存、活力魅力兼具的苏州，值得我们用世界上最美的语言去赞美她！

往事如烟，令人动容。年少时的那些场景，是一抹浓得化不开的深情回忆，是一种刻骨铭心的温暖与感动。卖糖粥、修棕绷、踏水车、烧老虎灶……还有那古宅老店、街坊小桥、错落有致的老屋以及世世代代生活在这里的一户户寻常人家。晓市花声，街角邻里，"最姑苏"的生活总在街巷里。一抹灰，一抹白，斑驳的墙面，镌刻着悠久的历史。这里没有车水马龙，没有霓虹万丈，却独有一份美好。

在传统和时尚中穿梭久了，渐渐发现：不是所有的时尚都能成为传统，但传统却能够成为永恒的时尚。这也许就是苏州美得恒久不变的原因吧。传统与现代辉映，古典与时尚交融。未来的苏州，将越来越美好！

从"小桥、流水、人家"到"湖泊、广场、雕塑"

——苏州：21 世纪 "人间新天堂"

苏州自古以来就享有"人间天堂,东方水城"的美誉。它是一座拥有 2500 多年悠久历史的古城,苏州的魅力不仅在于"小桥、流水、人家"的独特风貌,还在于其丰富的自然旅游资源和人文历史资源。苏州是世界园林之都,现有保存完好的古典园林 60 余座,其中拙政园、留园、网师园、狮子林、沧浪亭、耦园、环秀山庄、艺圃、退思园 9 座园林已被联合国教科文组织列入世界遗产名录,集中体现了中国造园艺术的精华;苏州是江南水乡的典范,周庄、同里、木渎、锦溪、甪直、枫桥等千年古镇像一颗颗明珠散落在古城四周。古朴的街市,悠长的水巷,蜿蜒流淌的小河,清澈明净的水光桥影,以及"轿从门前进,船在家中过"的水乡风情是苏州水乡古镇的真实写照;苏州的丝绸、工艺品有着悠久的历史、浓厚的文化底蕴,苏州享有"丝绸之府、工艺之市"的美名。

改革开放 40 多年来,苏州大力发展乡镇工业、外向型经济,转变增长方式,走出了工业化、国际化、城市化和全面小康的建设路子,创造了令人瞩目的发展奇迹。苏州城乡发生了翻天覆地的变化,县域经济高度发达且发展均衡,城乡一体化发展水平在全国处于领先位置,形成了闻名于世的"苏州模式",为苏州社会经济的不断发展积聚了能量。苏州迅速崛起为一个传统文化和现代文明交相辉映,极富生机和活力的现代化国际城市。

"姑苏城外寒山寺,夜半钟声到客船。"千百年来为文人墨客所钟情的小城姑苏,如今已向着"大苏州""新苏州""洋苏州"腾飞;鱼米之乡的"农业苏州"跃升为中国第二大工业城市;以传统产品加工为主的城市快速发展成为以高科技产业为主的世界制造业基地,并正在向世界科技新兴城市迈进。

古城外,拔地而起的国际化、现代化的苏州工业园区和苏州高新区,形成了"东园西区、古城居中、一体两翼"的带状格局,如同一双翅膀正在托起一座新的苏州大城。随着以火车站改造和轻轨建设为代表的一系列大型工程的实施,2500多年的古城苏州正在迈入大城时代。在古城区面积14.2平方公里不变的基础上,苏州全市面积已达8488平方公里。

如果古城苏州以"小桥、流水、人家"为特征,那么"大苏州""新苏州""洋苏州"可以用"湖泊、广场、雕塑"来描述。

先说湖泊,苏州滨江近海,河道纵横,湖泊众多,大小湖泊有300多个。全市水域面积占总面积的42.5%,这在中国乃至世界都是不多见的,苏州被称为"东方水城"。苏州城因水而兴,吴文化因水而闻名,水是苏州的灵魂,更是苏州城市的命脉,古城区环古城河体现的是古典水韵、园林之都的特色;城东城北沿金鸡湖、阳澄湖、尚湖体现的是国际风情、现代休闲的特色;城西城南沿太湖、石湖、大运河体现的是绿色环保、健康生态的特色。太湖是中国五大淡水湖之一,太湖水面的75%在苏州境内,太湖72峰有48峰在苏州,苏州太湖国家旅游度假区方圆600平方公里范围内有着西山、东山、光福、木渎等10多个著名景区及100多处文物古迹。

环金鸡湖是苏州市和新加坡合建的现代化新城,可以作为"大苏州""新苏州""洋苏州"的代表。金鸡湖整个景观分为8个区,依次为"湖滨大道""城市广场""水巷邻里""望湖角""金姬墩""文化水廊""玲珑湾""波心岛"。景区按照"园区即景区、商务即旅游"的城市商务旅游功能布局,投巨资精心打造了文化会展区、时尚购物区、休闲美食区、城市观光区、中央水景区五大功能区,堪称21世纪"人间新天堂"。

再说广场,即城市综合体,它往往包括大型商业、金融、研发中心、步行街、五星级酒店、写字楼、公寓、会所、总部等,集多种功能于一体,形成了独立的城市中心。其以超高建筑为特征,截至2016年8月,苏州超高建筑(150米以上)有49栋,其中市辖区42栋,苏州新加坡工业园区就有24栋。其中在金鸡湖湖西、湖东和月亮湾200米以上的有东方之门、环球188AB楼、国际财富广场、苏州中心广场、现代传媒广场、九龙仓国际金融中心、雅戈尔太阳城、星湖国际广场等。

最后说雕塑,在园区,各种城市雕塑已达600余座,这些雕塑或抽象,或写实,姿态各异的艺术造型让我们看到了一个包容开放的新城。园区的城市雕塑主要分为三大类:具有纪念意义的主题雕塑、与周围环境相互交融的生态雕塑,以及与市民生活贴近的人物雕塑。如《圆融》《窗口》《合作》《大地乐章》《狂想曲》《浪漫的旋律》《时光之舟》《天伦之乐》《温馨之家》《归》《先哲的对话》等等。

湖泊、广场、雕塑是苏州新城 21 世纪 "人间新天堂" 的象征。

一起去感受精美苏州

　　苏州,史称姑苏。姑苏的美,美在精致,美在小众。当代苏州古城的美,不仅外表宛如小家碧玉,内在还萌动着一种生机。今日苏州,没有一个固定的城市地标来得及代表她的发展,只有那挥之不去的粉墙黛瓦浮现眼前时,才恍惚回到了心目中的苏州。苏州人的内敛、黑与白的简朴,让苏州有别于其他城市,给游人带来了浑然不同的享受。

　　地处奔腾了万里的长江入海处附近的苏州,蓄势而动,四季分明,自古以来就是经济繁荣、祥和安定的生态福地。

　　2500多年前,苏州就形成了一个人才聚集的创业乐园:湖北伍子胥帮助吴王立国建城;山东孙武的力作《孙子兵法》,至今仍然令中外各界膜拜;大批优秀人才造就了当时吴国的春秋大业。如今,历史却演绎着惊人的翻版。据统计,1200万人口当中,外地人口已经超过了本地人。

　　从古老的历史文化名城到国内生产总值名列前茅,苏州不仅是企业难得的创业平台,也是相当宜居的地级城市。腾飞的经济,领跑地、县级市,跨省轨道交通国内第一,塑造了新型中(国)新(加坡)国际合作的典范城市。假如你来到苏州,哪怕只有一天时间,也能从本文中找到你所喜欢的苏州,不被人山人海所困,感受真实苏州的内涵。

双面苏州

　　苏州,有被现代包围着的古老,也有被古老衬托着的现代。要俯瞰苏州,当首选北寺塔登高。眺望着被长江水滋润着的苏州,从一个"假山假水城中园"的古城,到"真山真水园中城"的现代化都市,苏州的过去、现在和未来,究竟是怎样的?北寺塔又名报恩寺塔,是古城区内最高的建筑,据说其塔尖高度堪比上海老国际饭店。从四周高层建筑所形成的洼地来看,春秋建城的形态依旧如故。东抱湖泊,西部环山,让人足以领悟伍子胥"相土尝水、象天法地"的秘密所在。

从始建于公元前 512 年的盘门开始走进苏州,人们看到的是古代八座水陆城门之一,也是世界上唯一保留完整的 2500 年以上的水陆并列古城门。

欣赏完春秋的盘门、宋代的瑞光塔和明朝的吴门桥,沿护城河直上高架,欣赏双湖桥隧风光,一条真实的历史长廊贯穿了 2500 年文明进程,描绘了由小桥流水文化编织而成的当代文明"双面绣"。

由美国易道公司设计的金鸡湖景区,是国内绝无仅有的国家 5A 级免费商旅景区,连同独墅湖和阳澄湖景区,顿使游客身处时尚的西式商旅氛围。夜幕降临之时,绚丽璀璨的双湖夜景仿佛流动的雄伟交响曲,荡漾着人们的心灵,使人流连忘返。

苏式生活

有朋自远方来,想体验苏州人的生活,竟然还能从几十年前的市井生活开始。这一点,恐怕在其他城市也难以达到了。

苏州人习惯早起,也许因为 20 世纪六七十年代生活质量低下,凡是和生活有关的事情都要排队。大饼油条作为早点当时还算是奢侈品,要招待客人时才吃。如今来了客人,趁早去山塘街走一遭。切记,一定要去百姓居住的那段石板路山塘街,那里的吃食才是原汁原味的。明清鼎盛时期的山塘街,勤劳的苏州人同样早起,喧哗的市井在现存辽宁博物馆的《盛世滋生图》中就有生动的描写。油余团子酥松鲜美、口中留香,生煎包等各种苏式早点让人垂涎欲滴,出售的小吃品种不但有季节之分,还有上午下午之分;饱了口福再享眼福,前街后河,姹紫嫣红隐藏在小桥流水之间;花鸟点缀,弹词叮咚,苏州百姓细腻而乐活的生活态度可见一斑。山塘街的历史有 1100 多年,而虎丘与古城同龄。自春秋以来,直至南社柳亚子诸名流第一次雅集,历史人文都历历在目。

买点小菜做午饭,中秋时节可别忘了带点鸡头米回家。这个水八仙的"头把交椅",苏州的左邻右舍都不出产,清香味甘,筋糯去燥,身价涨得比房价还快,已从八年前的 15 元一斤上升到如今的 95 元一斤,自古以来是上等的午后点心,也是苏州人的"三顿六水"之一。

苏州人不喝早茶,过去的午后茶馆往往有评弹演出。买票的入座,不买票的可以靠墙站着听。评弹演员男女各坐一把椅子,女抱琵琶男弹弦,一说一唱两小时,今朝明朝连着上演个把月,古今风云刻画得细腻剔透,千古故事宛如发生在弹指一挥间。评弹这颗艺术明珠博得了外地人、外国人的青睐,虽然听不懂,可实在很迷人、很好听。如今唯一保留这样习俗的茶馆只有中张家巷的评弹博物馆,距地铁一号线临顿路站不到一公里。

评弹博物馆隔壁的昆曲博物馆是明清时代商业鼎盛的全晋会馆。文明是物质和精神的双重富有,昆曲正是经济繁荣时代文明背景下的产物。随着中国经济的重新崛起,作为非物质文化遗产的昆曲这曲阳春白雪,正在被社会大众重新追捧。如此的天时地利人和,白先勇先生的青春版《牡丹亭》一炮打响。

走出全晋会馆,转一个街角就踏进平江路,这是一条保存完好的古城血脉之路。外地人来到平江路,会吃惊地问道:这是市中心吗?怎么像周庄?是的。苏州古城区本是一个大的周庄、大的丽江。如今整个古城之所以不能成为世界文化遗产,很大一个原因就是 1994 年拆建了干将路。难怪外国人来到苏州,同样会吃惊地问道:这是苏州吗?

值得欣慰的是,沉淀的苏州,精品众多,根须未断,脉络尚存。苏州的特产很多,最多的要数状元了。江浙状元甲天下,苏州状元甲江浙。苏州的繁荣,人才自然是最重要的。苏州人文武兼备,好上进。去一趟平江路悬桥巷 27 号的洪状元府,就可见一斑。

傍晚时分,夜宿平江路的民居客栈是个不错的选择。昏暗的路灯照着幽静的小巷,可谓"弹词叮咚催人眠,黎明闻声卖菱藕"。

精致美食

苏州美,美在青山绿水,更美在饮食文化。著名的苏式招牌菜有松鼠桂鱼、清汤鱼翅、响油鳝糊、太湖莼菜汤、翡翠虾仁、母油整鸡、荷花集锦炖等。苏州小吃亦闻名天下,蜜汁豆腐干、松子糖、玫瑰瓜子、虾子酱油、枣泥麻饼、猪油年糕等,都是脍炙人口的美食。

每天起个大早,到苏州朱鸿兴面馆赶一碗头汤面——枫镇大面,高汤味甘,单双浇头全在个人讲究,深受南北食客欢迎。为了避免排长队,还是早点赶去苏州博物馆新旧两馆为好。仅从这座古今中外圆融合和到极致的建筑里,游人就能感悟到九十高龄的贝聿铭大师绝笔之作的精致与和谐。

游人喜欢拙政园。其实,拙政园的精髓恰恰在博物馆旧馆中一个不起眼的角落,全凭灵感去找。五百年来,它不但更加生机勃发,而且"蒙茸一架自成林"。这,才是拙政园的灵魂所在,也是苏州人的真实写照和精神家园。

小时候的记忆当中,百姓生活比较困难,尽管如此,母亲总要将平时节省下来的开销用来招待客人,这是苏州人的待客之道。传统的八菜一汤,不用味精吊鲜,用苏州人的小饭碗往往令客人吃不饱,客人来了一律用菜碗盛饭。春季腌笃鲜、酱汁肉;夏季五芳斋卤鸭;秋季阳澄湖大闸蟹;冬季鸡鸭鱼肉大暖锅。如今,想尝家常菜,除了亲自操刀重学苏式家常菜之外,只有到狮林寺巷的"陈记家宴"才体验得到家的味道了。

小菜馆旁紧靠的狮子林,是唯一带有禅意的私家园林。明清时代,苏州园林规模达到巅峰,堪比如今的商品房。可以想象一下,在长5公里,宽3公里的古城范围内竟有170多处颇具规模的私家别墅的场景。建于元代的狮子林(元末杰出画家倪瓒为设计者)与众不同,虽不是寺庙园林,却处处散发着禅意,如牛吃蟹、狮子峰、问梅阁,堪称禅意园林,使人流连忘返,回味无穷。2004年,狮子林第一批被列为世界文化遗产。其实,在苏州的任何一座古桥上,都能清晰见到佛教轮回的图案。原来,苏州人的精神食粮比四季轮回的时令美食还要丰盛。

搭乘地铁1号线到园区时代广场、湖西新天地,这些地方都是美食天堂;投宿园区小型新加坡式套房酒店,轻松洗掉疲惫,晒晒衣服。遥望十大夜景地之一的月光码头;那缤纷的鸟巢,将把远方的倦鸟携归何方的梦里故乡?

姑苏星洲

人称"园区"的苏州新加坡工业园区,却无工业区的模样。蓝天阳光、草地湖水、幽默雕塑,尽收眼底。带好帐篷,体验一把美国人的慵懒生活,环湖自行车专用道上随手可取的刷卡自行车,悄悄成了当下的生活时尚之一。中新苏州工业园区是我国改革开放的一件精品之作,也是中国和新加坡两国政府的合作项目,可见其规格之高。目的是移植软体新加坡城市管理经验,让其在国内生根开花。目前,苏州园区的经验已经在南通、宿迁等地制造翻版;苏州GDP已名列北上广深之后。园区内每3公里有一个生活邻里中心,每5公里有一个生态园,科研生产和文化教育统一规划,成为东西方文明的新型融合之地。环金鸡湖八大景点是国家 4A 级创新商旅景区,独墅湖和阳澄湖已成为世界瞩目的商务休闲之地。喜欢美食的吃货们,收获再多的美食,也敌不过响当当的阳澄湖大闸蟹!赶紧收起帐篷,走进现代的阳澄农家,鉴赏什么是真正的大闸蟹,乐在其中吧!

夜景、夜生活是双湖的杰出亮丽景点。李公堤长廊的优雅卧姿,月光码头鸟巢的璀璨变幻,摩天轮下的双湖全景,时代广场的繁华时尚,湖滨大道的生动浪漫,湖中音乐喷泉,空中天幕表演,桥隧连同周长几十公里的环湖地带的风光,为游客呈现了一幅幅壮观的新美姑苏夜景图。

姑苏小筑

江南园林是世界园林流派中的袖珍精品,也是中国文化和思想方式的形象代表。明清时代的苏州,是历史上经济文化鼎盛的园林大都市。史料记载,苏州历朝历代所建造的园林有 1000 多座。清朝末期,上海刚刚起步时,苏州人称上海为"小苏州"。如今,在被上海人称为"小苏州"的古城区里,被联合国教科文组织列为世界文化遗产的园林共有 9 座,它们虽为人作,却宛如天开。拥有一座自己的园林,历来是许多苏州人的梦想。在小巷通幽之处,推开普通人家的小门,里面总有花木点缀,假山井水,离不开一个"园"字的所有要素。也许一转身,隔壁那扇不起眼的小门里还有一座世界文化遗产。苏州人、苏州城就是这么内敛,这么简约而不简单。苏州的味道,只能这样细细品味,而不能匆匆而过。苏州人不张扬,老一辈如此,年轻人正在喜欢上他们的这种生活方式。

这种生活态度的源头要追溯到苏州人的祖先,可去寻访泰伯庙、泰让桥。

五峰园是假山上的五座石峰,其玲珑瘦皱的体态,因形似老丈,故名五老峰。这些石峰都是宋代"花石纲"的遗物。当时苏州人朱勔是宋徽宗的宠臣,负责采办"花石纲"时,毁阊门内北仓,为自己建造了一座养植园。园内栽种大量盆花,每逢春秋盛日,必供设数千盆,红紫芳菲,引人入胜。后来朱勔事败,被宋钦宗诛杀,养植园中的花木也被砍斫为薪,仅存二丈大石六七方,乱堆在柳毅桥畔。明代时,被移至五峰园中。

这五座石峰,都是太湖石峰中之佼佼者,在苏州园林中足可与冠云、瑞云诸峰媲美,确为不可多得的名峰异石。

园内柳毅墓，也是一处值得传诵的古迹。儒生柳毅，居住在阊门下塘。他的居宅附近，即是柳毅桥。据南宋《平江图》所示，桥在今张广桥之西，南面隔河与皋桥相望，这是一座风姿秀美的石拱桥。柳毅传书的故事，在苏州一直流传至今。

艺圃和五峰园一样，是一座袖珍园林，更是团队游客走不到的世界文化遗产。地处黄鹂坊桥小巷深处，吴门画派四大家之一文徵明的曾孙把这座园子养在了城市的深闺中。养斋，亭子虽小，却是吸引眼球的庭院灵魂中心，是真正的明代遗物。透过苏式花窗的阳光，洒落在八仙桌旁边的靠椅上，油然而生的是一种家的感觉。

苏式艺术

苏州的园林是内敛的。大门不起眼，进门还有障眼法。除建筑花木、叠山理水的艺术搭配，家具摆件更是苏州人讲究的把玩之物。于是产生了苏绣、苏雕和苏扇，那是需要静养功夫造就的艺术，更是需要禅定心态才可欣赏的瑰宝。苏州本不出产白玉、红木和檀香木，但全国闻名的雕刻匠人却都在苏州。从过去的民间匠人到计划时代的国营工厂，又回到现在的民间匠人，其声名的显赫在园林路玉雕一条街和西北街工艺博物馆的展品中得以彰显。

苏绣呈现的是江南水乡细腻绵长的人文内涵。这些美轮美奂的苏绣都是在上千年的历史时空中，由一代代绣娘巧手穿引，心手相传，一针一线绣制出来的。劈丝是苏绣技法之一，即将一根花线分为若干份，注重合理用线和丝理的变化。还根据不同的布质、色彩及题材，灵活综合运针，并使花线劈丝粗细合度，以充分表现物体形象的质感。

2000年7月，镇湖乡被文化部授予"中国民间（刺绣）艺术之乡"称号，这是全国唯一获此称号的乡镇。全镇两万人口中，从事刺绣的绣女就有8000人，历来以"家家有绣女，户户有绣绷"著称。刺绣精品《周恩来总理》《邓小平》《蒙娜丽莎》和《吹箫引凤》等，在国际国内艺术博览会上摘金夺银，许多绣品成为国家级礼品。

夜幕降临之际，在缤纷的苏艺"鸟巢"，等待您的将是一份自助餐加"苏秀"演艺的精神大餐。

山水苏州

山水郊游是亲近自然、深度探究姑苏历史的必然之选。租车前往石湖景区行春桥苏州渔庄,寻访真山真水滋润的旧时别墅,这不禁让人想起南宋诗人范成大隐居地"好友三五别无客,梅竹十五拥轻舟"的意境。回顾光绪年间,技艺精湛的刺绣艺术家沈云芝融西画肖像仿真的特点于刺绣之中,新创了"仿真绣"。慈禧太后七十寿辰,沈云芝绣了佛像等 8 幅作品祝寿。慈禧倍加赞赏,书写"寿""福"两字,分赐给沈云芝和她的丈夫余觉。从此沈云芝改名沈寿,她的作品《意大利皇后爱丽娜像》,曾被作为国家礼品赠送给意大利,轰动了意大利朝野。1915 年在美国举办的"巴拿马——太平洋国际博览会"上《耶稣像》获一等大奖,售价高达 13000 美元。《美国女伏倍克像》赴美展出时,盛况空前。

下午畅游渔洋山太湖湾、太湖大桥和金庭三岛,探访群山孤岛石公山;赶在夜宿西山明月湾之前,欣赏落日孤烟和万丈晚霞,品尝鲜美无比的太湖三白,天堂的感觉不过此时、此景、此地也。

苏州的山水,给人最深刻的感觉便是秀美。明月湾村落的环境是经过精心选择的,远胜于其他村落。这里天水相接,宁静致远,堪称人间仙境。进入明月湾,首先映入眼帘的便是那巨大的千年古樟,它见证了古村的千年历史,也是明月湾的地理标志。相传,此树为唐代著名诗人刘长卿到明月湾访友时所植,树龄有 1200 多年,主干直径 2 米,树冠高 25 米。这株古樟经历了多次磨难,火烧雷劈的地方早已枯死,仅仅依靠底部顽强发出的新枝来维持生命,这使它显得更加苍劲有力,当地人都称这是"爷爷背孙子"。

明月湾位于太湖西山岛南端,在著名景点石公山以西两公里处的自然村口。它西濒太湖,背倚青山,地形宛如一钩明月,故称明月湾。传说因春秋时吴王夫差与美女西施在此赏月而得名。村落里的每一座老屋都有自己的故事、自己的传说。

名人胜迹

人杰地灵的苏州,在 2500 多年的发展过程中,涌现出来的人才灿若繁星,尤其是明清以来更被视为"人才渊薮",状元之多史所罕见(整个科举时代苏州的状元有 47 人),素有"郡甲天下之郡,学甲天下之学,人才甲天下之人才"之誉。庞大的历史名人群体为苏州留下了宝贵的精神财富,是苏州的名片。这些历史名人身上凝聚的文化精神,既是苏州历史遗产的重要结晶,又是弘扬苏州现代城市精神的重要支撑。没有他们的突出贡献,苏州的文化就不会如此灿烂。来苏州,如果不去寻找苏州的名人胜迹,那就是不够完整的旅行。

当然,寻找苏州的名人胜迹可以走捷径,有两个地方应该看一看:一个是沧浪亭内有"五百名贤祠",祠内记录苏州历史上的五百位名贤,那是文化在古建筑内的一种展示形式;另一个是位于苏州市人民路2075 号、北寺塔北400 米处公共文化中心内的"苏州市名人馆",名人馆中展示的447 位姑苏贤人,是苏州"物华天宝、人杰地灵"的精彩实证,这是现代建筑内的一种展示形式。看了展览,你大体可以了解这些名人才士为苏州孕育了深厚的文化底蕴,苏州也因他们的丰功伟业或才华横溢而闻名中外。他们有的走上仕途,为国尽忠;有的隐于山林,清介自持;有的潜心学术,延续文脉;有的富而好义,为民造福……他们不但为苏州的文明史写下了绚丽多彩的华章,而且也在全国产生了深远的影响,其代表人物简述如下:

吴地始祖泰伯、仲雍。

春秋时期五霸之一的吴王阖闾,吴王夫差,孔子唯一的南方弟子言偃,政治家伍子胥,军事家孙武,铸剑大师干将、莫邪。

西楚霸王项羽。

三国时东吴国君孙权。

"六朝四大家"中的陆探微、张僧繇,吴国大将陆逊及其子陆抗,文学家陆机,以及南朝时编著我国现存最早的楷书字典的顾野王。

唐朝时书法家"草圣"张旭、"塑圣"杨惠之、诗人陆龟蒙。

北宋名相政治家、文学家范仲淹,南宋著名诗人范成大。

"元四家"之一的黄公望、元末明初的巨富沈万三。

明代大学士王鏊和"明四家"——沈周、文徵明、唐寅、仇英,文学家冯梦龙,以及被称为"蒯鲁班"的香山帮匠人鼻祖建筑家、明故宫设计者蒯祥,明末清初思想家顾炎武,散文家归有光,文学批评家毛宗岗、金圣叹。

清代帝师翁同龢,外交家洪钧,中国资本主义改良代表人物王韬,虞山诗派领袖钱谦益以及苏州"贵潘"一族代表大学士潘世恩及其孙潘祖荫。

民国时期的国学大师章太炎,退隐苏州的民国元老李根源。

近代曲学大师吴梅,南社创办人柳亚子、陈去病,以及被称为苏州文化界"三老"的程小青、范烟桥和周瘦鹃等。

史学家顾颉刚,文学家和教育家叶圣陶,刺绣大师沈寿,著名建筑大师贝聿铭,现代文学家和作家苏童,香港金像奖终身成就奖得主萧芳芳,影视明星夏梦、刘嘉玲、孔祥、韩雪,著名独立电影导演糜熙昭,物理学家李政道、吴健雄、朱棣文,两弹元勋王淦昌、何泽慧等。

现代苏州的科技精英——中国科学院院士、工程院院士的人数为110人,他们都是苏州的骄傲。

苏州的名人故居或者纪念建筑物,主要有以下这些:

1. 伍子胥,由楚入吴。主持修建苏州古城,格局沿袭至今。古城西有胥门,传说为伍子胥悬头处。

2. 孙武,由齐入吴。为吴国大将,战功显赫,著《孙子兵法》。苏州穹窿山为孙武隐居地,现有孙武苑。

3. 白居易,曾任苏州刺史。开凿山塘河,河旁筑堤修建山塘街。

4. 范仲淹,苏州人,曾任苏州知府。苏州天平山又名范坟山,有范仲淹祖祠,立有先忧后乐牌坊,每年秋季举办红枫节。苏州火车站南广场有范仲淹像。

5. 苏东坡,游经苏州。留下名言"到苏州不游虎丘乃憾事也",至今为虎丘景区官方宣传语。

6. 文天祥,曾任平江(苏州)知府。现有文丞相弄,为其旧居之地。

7. 文徵明,苏州人。明四家之一。参与设计建造拙政园,苏州博物馆(原为拙政园部分)内有其手植紫藤,已400多年。

8. 唐伯虎,苏州人。明四家之一。这个人故事太多,不举例了。

9. 乾隆,六下江南。留下各种美食民俗的传说。苏州木渎古镇旅游广告为"乾隆六下江南的地方"。

10. 曹雪芹,旧居苏州。其祖父曾任苏州织造,官署现为苏州十中,校内有织造署旧址。《红楼梦》中对苏州风物推崇较多。

11. 贝聿铭,祖籍苏州。苏州博物馆新馆设计者。

如果要重点寻访名人的故居或纪念建筑物,应该首选"神州水乡第一镇"——甪直。

甪直与苏州古城同龄,2500多年的历史积淀为江南所罕见,梁天监年间甪直称"甫里",宋、元时初具雏形,明代成为"郡东乡镇之首",商贾云集,居民近万户,清代改称甪直。

古镇现隶属苏州市吴中区,位于苏州市东部,以水多、桥多、巷多、古宅多、名人多而著称,更因塑壁罗汉(天下罗汉两堂半中的半堂罗汉)和水乡妇女服饰而闻名天下。

古镇临水而筑,可以用"悠水曲河,弯桥窄街,深巷长廊,粉墙黛瓦"来描绘,用"参差万户人家,纷陈百号商贾"来表达。它悠久的历史、秀丽的江南风光、深厚的文化底蕴、众多的名胜古迹让世人惊叹,无怪乎,费孝通先生称甪直为"神州水乡第一镇"。甪直聚水为镇,流水与桥梁交相辉映,总长5.6公里的河道上,最多时有宋、元、明、清各式古桥"七十二座半",现存41座。这些桥大小、形式、风格各异,是名副其实的"水乡桥都",被著名桥梁专家茅以升称为"中国古代桥梁博物馆"。古镇内主要街道10条,有古街古巷69条,保存比较完整的明、清古宅建筑众多,其中,萧宅、赵宅、沈宅等商贾豪门宅第建筑考究,雕刻精细。

甪直自古崇文重教,人才辈出,晚唐诗人陆龟蒙曾长期隐居于此,明代诗人高启、戏曲家许自昌等名人雅士云集,罗隐、柳贯、倪瓒、赵孟頫、文徵明、沈周、归有光、董其昌、叶圣陶、顾颉刚、郭沫若等名人都曾在甪直寓居、游历。由宋至清,小镇出进士50余人,中华人民共和国成立以后,甪直的"一镇四院士"更让人赞叹不已。

古镇主要景点:

●保圣寺

保圣寺是国务院首批公布的国家重点文物保护单位,寺内唐代著名雕塑家杨惠之所塑的九尊泥塑罗汉,虽历经千年沧桑,却仍然保存完好。今保圣寺山门是按乾隆年间的原貌重修的,走进二山门所见的天王殿是按明代原貌所重建,殿内可看到具有明代建筑特点的昂嘴门拱结构。

●陆龟蒙遗址

陆龟蒙遗址位于白莲寺遗址西。宅园原有清风亭、光明阁、杞菊畦、双竹堤、桂子轩、斗鸭池、垂虹桥、斗鸭栏等小八景。宋代时,改称陆龟蒙祠(亦称陆公祠、甫里先生祠)。遗址内有斗鸭池,清风亭,东、西垂虹桥,两只武康石饲鸭槽(唐朝原物)等。

●叶圣陶纪念馆

馆内所有建筑布局均保持原貌,有四面厅、鸳鸯厅、女子部楼、生生农场等。这里是文学家、教育家、出版家和社会活动家叶圣陶工作过的地方。1988年2月,为了表示对他的崇敬和怀念,有关部门把当年他执教的旧址重新修建,辟为叶圣陶纪念馆。

●沈宅

沈宅建于清同治九年(1870),是甪直古镇保存得较好的豪华宅第,同盟会会员沈柏寒的老宅故居。宅院建筑布局具有亦仕亦商、前店后宅、左坊右铺的特点,共五进,建筑面积 1000 平方米。

● 萧宅

萧宅建于清光绪十五年(1889),是典型的江南水乡民居建筑,坐西朝东,背园面街,宅侧有条约 150 米长的备弄,称萧家弄。该宅占地 1000 多平方米,是甪直古镇现存最完好的清代民宅。宅院原为镇上杨姓武举人所建,后来卖给里中望族萧冰黎,故称萧宅。

● 王韬纪念馆

王韬纪念馆建于清道光年间(1821—1850),早期是金融界人士沈再先老宅,面积 760 平方米,共二进。1998 年,为纪念近代思想家王韬,弘扬他的爱国思想和开放意识,把该宅开设为"王韬纪念馆",并供游客游览观光。

苏州的精美是因为她旖旎、婉约、柔情、浪漫和最具活力!如果说北方山水的美像一杯烈酒的话,那苏州的美就像一杯刚沏好不久的茉莉花茶,清丽淡雅,令人回味。苏州的美在于水的灵动、山的俊俏、人的善良……苏州有太多景点值得你去观赏,苏州有太多的美食值得你去品尝,苏州有太多的名人值得你去拜访,让我们领略她的无限魅力吧!

城 区

北寺塔（一）

　　北寺塔位于北塔公园，是中国楼阁式佛塔，号称"吴中第一古刹"，始建于三国，相传是孙权为报母恩所建，因而又得名报恩寺塔。

北寺塔（二）

北寺塔高 76 米，八角九层，雄冠江南。登高可俯瞰全城风光。塔的四周尚存部分明清时期重建的不染尘观音殿等报恩寺殿堂建筑。

阊门城河夜景

阊门始建于春秋时期，公元前 506 年，这里是孙武、伍子胥等率吴军伐楚的出发地和凯旋地，从此阊门亦称破楚门。明清时期，阊门是带有瓮城的水陆城门。外城河、内城河、上塘河、山塘河分别从五个方向在阊门汇聚，形成了"五龙汇阊"独特的水貌特征。

盘门城楼

　　盘门城楼是苏州唯一保存完好的元代古城门楼,同时也是全国唯一保存完好的水陆曲尺形并列双城门。著名园林学家陈从周教授有"北有长城之雄,南有盘门之秀"的赞语。

河边新宅

　　水是万物之源,临河而居,是人们追求的住宅方式。河边是两层的联排传统住宅,后面是高层的现代集合住宅,彼此前后呼应。眼前波光粼粼,远处是一座城市的万丈繁华,造就了一道迷人的水岸风景。

华元路上的伦敦塔桥（一）

　　"伦敦塔桥"位于相城区东西向主干道华元西路上，横跨元和塘，外形基本参照英国伦敦原桥建造，但由于桥面比原桥宽，由两座塔楼变成了四座塔楼。在这四座塔楼上建有小尖塔，仿佛四顶王冠。

华元路上的伦敦塔桥（二）

　　"伦敦塔桥"每座桥塔高40米，塔基长宽各10米，横向分为快车道、慢车道和人行道，塔楼下部开孔，供非机动车通行，纵向2个塔楼之间设有悬空人行通道，两侧装有玻璃窗，行人从桥上走过，可以饱览元和塘两岸的美丽风光。

华元路上的伦敦塔桥（三）

　　塔楼内分 5 层,设楼梯上下,其中两个塔里还设有电梯。横向两个塔楼之间有通道连接,可供市民游览。2017 年此桥经过修缮改造后,外观为此型。

相门晚霞

　　相门原名匠门,位于城东,据传吴王阖闾曾命铸剑高手干将于此设炉铸剑,故又名干将门。门在宋初被填塞。1934—1936 年重辟,中华人民共和国成立后被拆除。2012 年 9 月 27 日,相门重建并竣工,从此焕发出了新的活力。

相门晨曦

　　相门段古城墙南起干将路,北至藕园,新建段长370米,加上北段遗址,总长近650米,城墙底宽12米,顶宽9米,城楼最高处达到了23.8米。城砖的使用量40万块。相门青砖厚墙,敦厚如山,雄伟壮观。

觅渡古桥

　　觅渡古桥位于苏州市城东南葑门外，原名灭渡桥，始建于元代大德二年（1298），明正统时重修，清同治时再修，1985年又修，并恢复了石栏。桥为薄型单孔拱式，通长81.3米，净跨19.3米，矢高8.5米。两坡各设53步石级。觅渡古桥现为江苏省文物保护单位。

觅渡雕塑

　　觅渡桥畔矗立着一些雕像,见证着觅渡桥700多年的历史变迁,讲述着觅渡桥所经历的风风雨雨。

觅渡新桥

　　2002年11月苏州重建觅渡桥。新桥位于古桥南侧约60米处,全长337.4米,其中桥西侧跨径127米,东侧跨径151.4米,主桥净跨28米,高8米。新桥宽36米,除车行道、人行道外,还设有专用人行道,以方便人们上下桥观景、散步。2003年6月竣工通车。

泰伯雕像

泰伯（前1285—前1194），他让王位给三弟成就了周天下。他离开周原，来到原本蛮荒的太湖流域，兴水利，养桑蚕，种稻谷，让百姓过上了富裕的生活，建立了江南第一个国家——吴国，成为东吴的始祖。后把王位让给二弟，又成就了吴天下，其让德之高尚使后人敬仰。

顾炎武雕像

顾炎武（1613—1682），苏州昆山千灯镇人，本名绛，别名继坤，字忠清，号亭林先生。著名思想家、史学家、语言学家，与黄宗羲、王夫之并称为明末清初三大儒。他的"国家兴亡，匹夫有责"的名言，成为激励后世爱国人士的千古格言。

盘门三景之盘门水陆城门

苏州盘门三景是雄踞苏州西南的盘门水陆城门、横跨运河的吴门桥、临流照影的瑞光寺塔，由大运河把三景连在了一起，成为苏州古城的名胜区。盘门是苏州仅存的古城门遗迹，其水陆城门并存的现象在全国已绝无仅有。今城垣是元至正十一年（1351）所建。

盘门三景之吴门桥（一）

　　吴门桥傍近盘门，宋元丰七年（1084）兴建，今桥为清同治十一年
（1872）重建，因此处为水陆要冲，有吴中门户之意，故名。桥横亘于
大运河上，桥洞高大，木船可扬帆而过。吴门桥是一座典型的具有江南
水乡特色的大型单拱石桥。

盘门三景之吴门桥（二）

　　吴门桥目前为苏州留存的最高的单孔石拱古桥。吴门桥用花岗石砌
筑，全长 66.3 米，中宽 4.8 米，净跨 16 米，矢高 9.85 米，拱券石 10 排，长系
石 11 根，纵联并列砌置。南北两坡各铺设条石踏步 50 级。北端金刚墙左
右两翼均砌有宽约 0.6 米的纤道。

盘门三景之瑞光寺塔

　　瑞光寺塔砖砌塔身高约43米,始为三国时代吴国赤乌十年(247)孙权在普济禅院内所建造。宋宣和间(1119—1125)修建,淳熙十三年(1186)改建,寺毁于清咸丰十年(1860),仅存瑞光寺塔傲然耸立。

蟠龙桥雪

冬天的蟠龙桥雪景。

蟠龙桥

胥江边有座造型古朴的"枣市桥",因为年久频危,1981年被拆除。2003年初拟在东大街往南建一座人行桥梁,遂仿"枣市古桥",重造一座水泥新桥,在桥面局部铺上老桥石板,这座复活的枣市桥定新名"蟠龙桥"。2003年6月竣工,全桥面宽5米,长56.8米。

古胥门（一）

　　《苏州府志》云，"胥门，西门也，在阊门南，一曰姑胥门。胥门为防太湖洪水进城"而建，现存城门为元至正十一年（1351）重建，明清重修。胥门与盘门同为苏州幸存的古城门。拱门高 4.65 米，宽 3.3 米，纵深 11.45 米。

古胥门（二）——伍子胥建城纪念墙

2500 多年前伍子胥率众最早筑成了由周长 47 里的大城和周长 10 里的内城组成的苏州城。姑苏城池至今仍保持了伍子胥所主张的风貌。纪念墙上"相土尝水象天法地"八个金色大字，高度概括了伍子胥建城的精髓和功绩。

古胥门（三）——胥门景观桥

胥门景观桥除了跨河功能外，主要是点缀美化环境，供人们观赏休闲之用。该单孔石桥造型小巧玲珑，工艺精湛，充满艺术魅力，深受大众的喜爱。

胥门城河

　　胥门外的河流被称为胥江,胥江至太湖入口处名为胥口。过去苏州人出行以水上交通为主,前往洞庭东、西山、上海、杭州等地,一般都在胥门乘船,而苏州许多老虎灶经营者自备水船,前往胥口取水,以胥口水沏茶品茗。

开元寺无梁殿（世界文化遗产）

开元寺始建于三国东吴赤乌年间，屡经废兴。现仅存无梁殿一座，建于明万历四十六年（1618）。殿坐北朝南，两层楼阁式，面阔七间，通高约19米，歇山顶及腰檐敷绿间黄琉璃瓦。原先供奉无量寿佛，又名无量殿。无梁殿纯为磨砖嵌缝纵横拱券结构，不施木构，故习称无梁殿。

平门

　　平门,位于苏州城北,是苏州城的正北门。伍子胥平齐大军从此门出,打败齐国,班师回朝,又由此门入,故名。原城门及城墙于 1958 年拆除,2012 年重建。

娄门

　　娄门位于城东北。 城门分外城、中城、内城三重。内城筑有城楼,三重陆城门之间有空地和闸门装置,十分坚固。城门南面还有三道水城门。城楼和水城门约在 1948 年到 1958 年间大炼钢铁时陆续拆尽。2013 年 12 月,在苏州古城墙保护修缮二期工程中,娄门段古城墙保护修缮工程正式竣工。

南门人民桥

　　人民桥所在的南门,并不是伍子胥建城时的古门,而是因为它在苏
州的南面外城河上,跟其他的城门如齐门、阊门等地理位置相当,故名。
中华人民共和国成立后,人民桥曾经 3 次拓建,于 2003 年 5 月竣工,全长
316.11 米, 8 孔,桥宽 45 米,双向 6 车道,两侧有慢车道和人行道。人行道
上架有廊棚,为苏州第一座现代廊桥。

苏州火车站

　　1906 年(光绪三十二年)5 月 25 日,苏州举行火车站建成通车典礼,
并将站名定为苏州站。中华人民共和国成立后经 3 次改建, 2007 年 11 月
28 日,苏州站站房开始了第四次改造,改造升级后的新苏州火车站属特大
型客运站,设有京沪普速车场和沪宁城际车场,站场规模从原先的 3 个站
台 5 条到发线扩大到 7 个站台 16 条到发线。

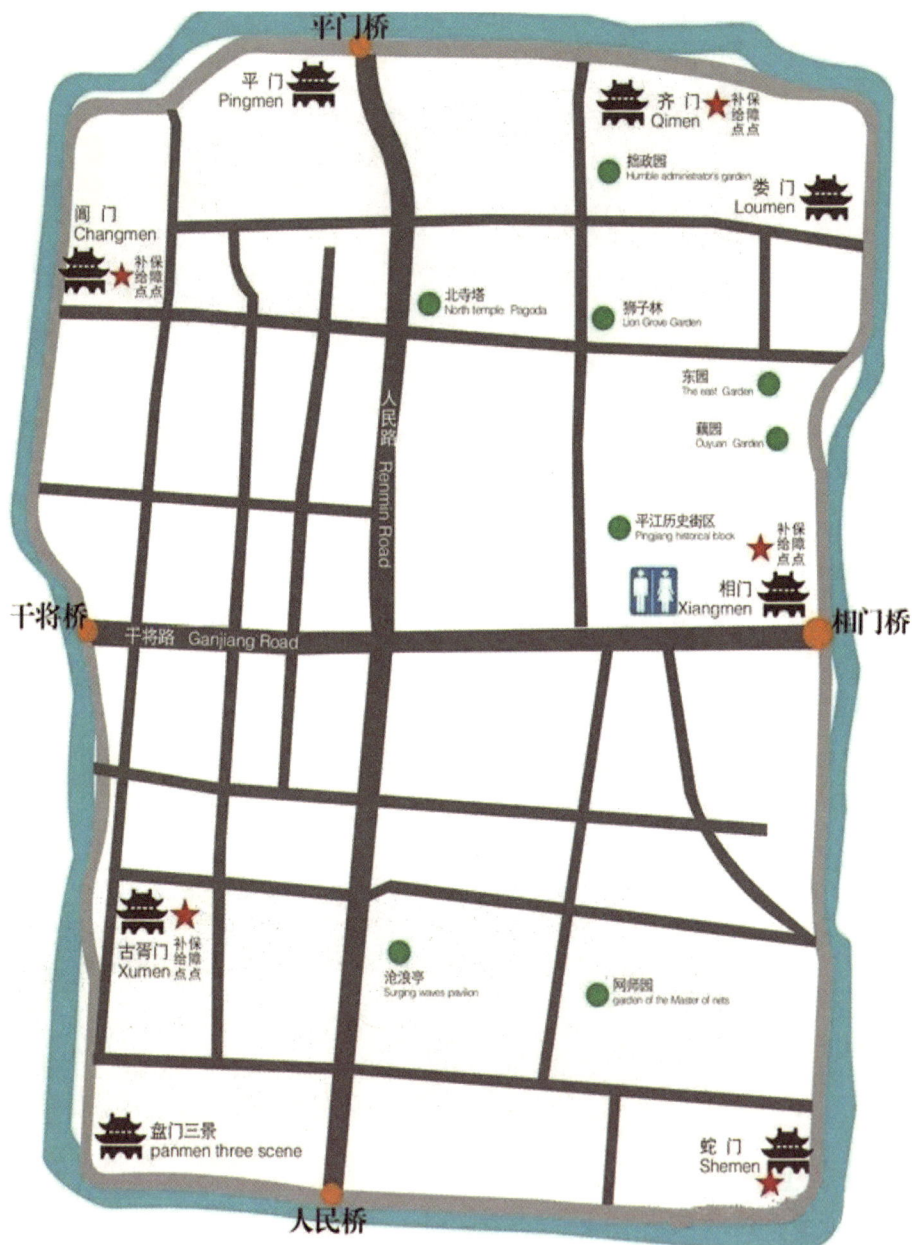

平门桥

平门
Pingmen

齐门
Qimen ★ 补保给障点点

拙政园
Humble administrator's garden

娄门
Loumen

阊门
Changmen

★ 补保给障点点

北寺塔
North temple Pagoda

狮子林
Lion Grove Garden

东园
The east Garden

藕园
Ouyuan Garden

人民路
Renmin Road

平江历史街区
Pingjiang historical block

★ 补保给障点点

相门
Xiangmen

干将桥

干将路 Ganjiang Road

相门桥

古胥门
Xumen ★ 补保给障点点

沧浪亭
Surging waves pavilion

网师园
garden of the Master of nets

盘门三景
panmen three scene

蛇门
Shemen

人民桥

环城河图

环城河的春天

苏州环城河总长 15.5 公里,南至盘门路,东至外城河,北至苏州火车站,西至山塘街。环城河,作为大运河的组成部分,不仅被营建成一条环城绿廊,而且将苏州的许多历史文化遗存联结了起来,逐渐成了中外游客的水上旅游热点。

环城花园里的乐迷

环城花园围绕着古城河内侧一周,是历史文化沉淀深厚的特殊的环古城河公园。每一处都有着镌刻着历史踪迹的美景,每一处都一定能给人留下不同的心境。

运河

　　古城苏州,因京杭运河而成为万商云集的天堂。时至今日,苏州近一半的货物还是靠水路来承担。夜晚乘船游古运河,沿岸绚丽的灯光倒映在荡漾的水波里,摇曳的柳枝与苏州的古城建筑相得益彰,浑然一体,令人陶醉。沿途可经过盘门、胥门、金门、阊门等 10 座苏州古城门和 20 座风格不一的桥梁。

运河夜景（一）——古运河风光带夜景亮化工程

    全长 16.5 公里的古运河风光带,安装了 LED 景观灯、投影灯、激光灯、霓虹灯、连线灯以及水雾系统等,夜晚灯光勾勒出亭台楼阁的外形,与水光交映,像神话世界里的仙境。

运河夜景（二）——古运河风光带古桥

古运河风光带沿途有 20 座风格不一的桥梁。桥身通体照明，特别是人民桥、蟠龙桥、吴门桥、新市桥、万年桥、姑胥桥、干将桥、景德桥、南新桥和阊门桥等，桥桥有故事，桥桥有特色。

运河夜景（三）——古塔与古树相依高耸

　　古运河风光带将苏州的许多历史文化遗存联结了起来。在霓虹灯光闪烁下，古塔与古树在夜幕中相依相偎，高耸入云，构成一幅静默的历史画。

运河夜景（四）——亲水街巷

　　沿河街巷都采用了贴水、临水、枕水的传统布局，由街到房，由房到河，由河到桥，高低起伏，错落有致。河道与街巷、民居、桥梁浑然一体。美丽姑苏，人间天堂，令人向往。

运河夜景（五）——灯笼点亮古城墙

古运河沿途有苏州古城墙遗址、盘门、古胥门、觅渡桥等美丽景点。别致的灯笼与苏州的古城建筑相得益彰，浑然一体，令人陶醉，让你充分领略千年古城苏州的柔美和精致。

运河夜景（六）——流动的画

沿河建筑上的灯光倒映在荡漾的水波里，散射在摇曳的柳枝上，折射在苏州古运河里，泛起粼粼波光，一层一层推向远方。见到的是一幅流动的画，听到的是一曲流动的歌，吟诵的是一首流动的诗。

环城河内夜游彩船

环城河是姑苏城内旅游的一道风景线，坐在游船中，你是否体会到了"君到姑苏见，人家尽枕河"的感觉？古城河上游彩船，姑苏城里韵声甜，每当中国苏州国际旅游节开幕，均有多艘时尚靓丽的彩船在有上千年历史的苏州古城河巡游，营造亦梦亦幻的流动光影。

旧街小巷

观前街（一）

　　民国时代的千年古街——观前街。

观前街（二）

　　中华人民共和国成立初期的观前街,旧貌换新颜。

玄妙观（一）

20 世纪的玄妙观。

玄妙观（二）

重新修建后的玄妙观及正山门。

过云楼旧址

　　"过云楼"的名字源自苏东坡的"书画于人,不过是烟云过眼而已"之句。过云楼为顾文彬祖孙四代珍藏书画及古籍、金石之所,曾以收藏品既精且多,得"江南收藏甲天下,过云楼收藏甲江南"之誉。

过云楼陈列馆(一)

　　过云楼东西山墙贴有较为精致的砖细墙裙,门窗装修用料皆为黄柏。

过云楼陈列馆（二）

过云楼位于干将西路 2 号，即顾文彬故居。顾文彬（1810—1889），苏州人，道光进士，曾任浙江宁绍道台，书法家、收藏鉴赏家。过云楼现占地 3980 平方米，建筑面积 4920 平方米。

过云楼陈列馆（三）

过云楼正厅进深大于面宽，呈长方形，建筑高敞古朴。厅后为两进五开间内厅与堂楼，东西两翼以厢房贯通前后，自成一区，内厅前有乾隆癸亥年（1743）建的霞晖渊映砖雕门楼一座。

特色小街（一）

　　苏州因为桥多，桥名在百姓中影响很深，位于桥边的那些街巷，即以桥名命名。如红板桥、百狮子桥、忠信桥、望星桥、迎枫桥、日晖桥等。以桥名作街巷名的有 152 条，了解桥的建造年代、巷的产生，就是了解苏州城的历史。

特色小街（二）

　　苏州街巷是苏州古城的主体，苏州的历史和文化蕴藏于街巷之中，城市的特色和风貌也可以从街巷中体现出来。

特色小街（三）

　　苏州的街巷比北京的胡同历史要悠久得多,大多在千年以上。街巷中不仅有名人故居,还有许多与民间信仰、礼俗有密切联系的寺庙、祠堂、书院、会所、义庄等各类古建筑,即便是小如井栏圈、界石以及刻有图案、铭文的一砖、一瓦、一木都散发着古城的韵味,引发游客的思古幽情。

特色小街（四）

　　苏州不同的街巷,它们或喧嚣,或安宁,或车水马龙,或岁月静好。千百年来,街巷便是苏州古城的重要组成部分,在时光疏影里,我们看到了苏州城不同的侧面。

苏城小巷（一）

　　苏州城内河道纵横，有"三横四直"，还有不少支河，俗称"浜"。在河浜那里的小巷，有 53 条以河浜命名，如皮匠浜、造船浜、大河浜、燕家浜等。在阊门外的外城河上，建有多个码头，码头边的小巷，就以码头为名，有南码头、北码头、万人码头、丹阳码头、盛泽码头等。

苏城小巷（二）

在街巷边种花植树，美化街巷，是苏州城的特色。因而有不少街巷名称就用花卉树木来命名。较多的与荷花有关，如采莲巷、莲花巷、荷花弄等，再如桂花弄、腊梅里、槐树巷等。步入这些小巷，看到绿荫一片，百花绽放，环境清幽！

苏城小巷（三）

　　苏城小巷的民房有明、清代建筑，也有民国时期的小楼洋房，更有外来移民自盖的房屋，种类繁多，千姿百态，给姑苏旧城增添了许多奇特而神秘的色彩。

苏城小巷（四）

　　"君到姑苏见，人家尽枕河"，这是唐代诗人杜荀鹤的诗句，也是对苏州风物民情的真实写照。

濂溪坊水巷旧址

濂溪坊水巷旧址,现在已改造成为苏州市主干道干将路,原水道仍保留在路中间。图中高耸的木结构楼房即是作者少年时代的家。

绣品街

绣品街在吴中区镇湖镇,离太湖湿地公园比较近,绣品街也是苏州比较著名的一条街,有一些商店会出售绣娘自己手工做的绣品。

苏州宝带桥

宝带桥位于江苏省苏州古城京杭大运河边,横跨苏州澹台湖口,为大运河沿线现存最长,桥孔最多,结构最轻巧的连拱古石桥。

宝带桥始建于唐元和十一年至十四年(816—819),由苏州刺史王仲舒主持建造。为筹措建桥资金,王仲舒带头将自己身上的宝带捐出来,宝带桥之名由此而来。宝带桥全长317米,桥孔53孔,其中中间三孔联拱特别高,以通大船,两旁各拱路面逐渐下降,形成弓形弧线。宝带桥是我国现存的古代桥梁中,最长的一座多孔石桥。远视宝带桥像飘动在绿色原野上的玉带,把江南水乡点缀得十分绮丽。2001年6月,宝带桥被国务院列为全国重点文物保护单位,被人们誉为"苏州第一桥"。

平江历史文化街区

小巷民居

　　苏州典型的旧式民居沿着一条条小巷展开,许多差不多样貌的单体民宅被连成一片,它们大都体量小而轻巧,舍层低而密度高,粉墙黛瓦,错落有致。

小浜别脉，旁夹路衢

苏州小巷布局形式是河街平行，宅在街边，迂回曲折，"小浜别脉，旁夹路衢"。

小河居中，两岸屋宇

小河居中，两岸屋宇，水栈、河埠嵌筑其间，拾级而下可就水而洗，或有廊桥连接两岸，成为典型的"水陆平行""河街相邻"的双棋盘式格局。

小桥、流水、人家

　　水巷是古城苏州的精华所在。"小桥、流水、人家"才是苏州的特征，苏州水巷万千变化，神秘莫测，春秋晨暮，各有不同。小桥平平仄仄地跳跃在河流之间，多少风雅之事从桥下流过。

小巷里的深宅大院

平江路上的小巷中不乏前巷通后巷、几落几进、围以高墙的院落。此种民居大多有备弄连廊,设有天井、门楼,有的还有小型花园,形成了小巷里的深宅大院。

苏州小巷的"静"

苏州小巷的一个特点就是"静"。徜徉在小巷高高的粉墙下,可以体会它丰富与深藏不露的内涵。墙那边到底有怎样的精彩呢?是"墙里秋千墙外道。墙外行人墙里佳人笑。笑渐不闻声渐悄,多情却被无情恼"吗?

小巷似园林

　　"苏州好,城里半园亭。"苏州小巷也似园林,一步一景。在小巷里,粉墙黛瓦之间错落有致地点缀着一丛幽篁、几棵绿树、几丛碧草、几枝素洁的花,小河绕墙而过,有份独特的自然美。

小巷茶楼

　　平江路是一条傍河的小路,北接拙政园,南至干将路。全长不过1606米,却是苏州最古老的一条街巷。这里的街一边是房屋,一边是小河,隔河是人家。人家旁边有的没有余地,只有后门的石头驳岸可以让人下河,也有的地方是一条三尺宽的窄路,供居民行走。

廊棚——带屋顶的街

　　小巷内有一些廊棚——带屋顶的街。木结构的柱子顶着一色的鱼鳞黑瓦盖顶,廊棚的下面是一条石板道,形成了独特的地方性景观。廊棚有的临河,有的居中,有的在沿河一侧还设有靠背长凳,供人歇息。

春风到古巷

　　"余尝谓苏州建筑及园林,风格在于柔和,吴语所谓'糯'。"(陈从周《说园》)柔而不弱,柔则化为美,成为一种柔美。春天里,柳枝轻轻拂打着小巷民居的粉墙黛瓦,呈现了更加浓重的阴柔之美!

街巷（一）

　　苏州的小巷犹如阡陌般纵横交错，有的幽深而绵延，有的依水而环绕，或曲径通幽，或与古桥相衔，直至在曲折蜿蜒中消失在重重叠叠灰色的宅子深处。苏州小巷是亲切的。

街巷（二）

　　与平江路垂直相接的是诸多狭小的街巷，如狮林寺巷、传芳巷、曹胡徐巷、大新桥巷、大儒巷、萧家巷、钮家巷等等，每一个名字背后都可能有着长长的故事。高高的垣墙夹着曲折的街巷，市园相隔，俗者屏之，市井生活与清修别院互为表里，"大隐于市"的闲逸潇洒需要人间烟火来成全。

水巷（一）

　　平江路是苏州的一条历史老街，是一条沿河的小路，其所临之河名为平江河。宋元时候苏州又名平江，路也以此命名。河路都不宽，"水陆并行，河街相邻"，这是很典型的水乡特色。

水巷（二）

2002—2004 年，苏州市政府耗资 1 亿多元，实施平江路风貌保护与环境整治工程，采取了拆除违章建筑、将 10 类管线埋入地、铺设石板路、疏浚河道、维修老房子等一系列措施，使这条有着 800 年历史的古道再现了原来的面貌。工程获联合国教科文组织颁发的 2005 年度亚太地区文化遗产保护荣誉奖，联合国教科文组织认为"该项目是城市复兴的一个范例……证明了历史街区是可以走向永继发展的"。

水巷（三）

苏州平江历史文化街区是由城河、城墙、河道、桥梁、街巷、民居、园林、会馆、寺观、古井、古树、牌坊等历史遗存构成的街区，堪称苏州古城的缩影。2009 年，与北京的国子监街、平遥南大街、哈尔滨中央大街等一同入选首批"中国十大历史文化名街"。

水巷（四）

　　平江河道西面的民居多依河而建，上了年纪的老房子，粉墙黛瓦，木栅花窗，清淡分明。外墙多已斑驳，却如丹青淡剥。住宅、河道与房屋、楼阁、小桥、花木之间彼此借景，宛如一幅长卷画。河道窄处两岸似乎伸手可握，宽处可容一船周转，隔水可呼。

水巷（五）

　　平江历史文化街区是苏州古城内迄今保存得最为完整的一个区域，拥有世界文化遗产耦园和10处省市级文物保护单位，以及64处苏州市控制保护古建筑等众多历史文化遗产。对照南宋《平江图》及明末《苏州府城内水道总图》，平江历史街区基本延续了唐宋以来的城坊格局，连名称都能一一对应。

工业园区

远眺工业园区

苏州工业园区是苏州大旅游格局中的七大板块之一,金鸡湖、阳澄湖、独墅湖风光旖旎,观光旅游、休闲旅游足以与古城人文旅游互为补充、相得益彰,科技文化艺术中心、李公堤和重元寺的落成开放,也正吸引着越来越多的游客。

苏州工业园区是中国和新加坡两国政府的合作项目,开创了中外经济技术互利合作的新形式。园区于 1994 年 2 月经国务院批准设立,同年 5 月启动建设。园区位于江苏省东南部,苏州市区东部,东接昆山市,南连吴中区,西靠姑苏区,北隔阳澄湖与常熟相望,行政区划 278 平方公里,其中,中新合作区 80 平方公里。

金鸡湖畔商务旅游区

　　金鸡湖景区总面积 11.5 平方公里,按照"园区即景区、商务即旅游"的城市商务旅游功能布局,精心打造文化会展区、时尚购物区、休闲美食区、城市观光区、中央水景区五大功能区,为商务人士、游客、市民提供丰富的定制化旅游产品。

城市雕塑(一)

　　在园区,每新建一个区域,都会依据这个区域的功能特点设计、配置相应的城市雕塑,用雕塑点亮城市风景。从开发建设之初的"窗口",到进入独墅湖区域的"升华",园区众多雕塑作品用不同的艺术风格和展示手段点缀着城市的美景。如果说传统苏州的元素是小桥、流水、人家,那么现代苏州工业园区的元素就是湖泊、雕塑、广场。

城市雕塑（二）

　　苏州工业园区城市雕塑精致、大气,将浓郁的人文气息、生活情趣用艺术化的手法生动再现,展现了"洋苏州"的独特魅力。它们既是现代苏州城市化建设的重要组成部分,更为苏州这座有着2500多年历史的文化古城增添了很多新元素、新景观、新地标,使城市更富魅力、更显活力、更具吸引力。

城市雕塑（三）

　　园区的城市雕塑主要分为三大类：具有纪念意义的主题雕塑、与周围环境相互交融的生态雕塑，以及与市民生活贴近的人物雕塑。577 座雕塑，让人读到了她独到的美丽，品味出的是这座新城或时尚，或传统，或柔媚，或灵动的多个侧面。

城市雕塑（四）

　　金鸡湖岸边草坪上的雕塑是几个人在同舟共济，生动而有趣，也有人说它是一片骨感的树叶，更有人说它是一只大龟，正在向你爬来。形似神似的具象与抽象，大红大绿色彩的反差，表达的都是环境设计者们向世界传达一个现代苏州的愿景。

湖畔商务中心

　　园区中央商务区建有大量外资银行、宾馆酒店、会展中心、科技文化中心、商务楼、公寓楼等具有国际水准和区域影响力的数字化楼宇集群。 楼宇集群以"泉水"为设计灵感。塔楼在外立面纳入流线元素，宛若水流回旋为塔楼带来波浪的能量，是苏州城市天际线的亮丽景观。

金鸡湖畔春风到

　　金鸡湖整个景观分为八个区,依次为湖滨大道、城市广场、水巷邻里、望湖角、金姬墩、文化水廊、玲珑湾、波心岛。湖滨大道、城市广场以及中央公园是苏州工业园区人气汇集的焦点。

金鸡湖畔李公堤

李公堤是金鸡湖中唯一的湖中长堤,全长 1400 米,系光绪年间元和县令李超琼所建。今日李公堤通过"桥堤文化"和"湖滨公园"把金鸡湖的水、绿与姑苏的文化结合在一起,将金鸡湖与现代多元风情、历史与现实、休闲旅游与商业文化等有机地组合起来,已成为苏州地区最成功的商业街区之一。

东方之门(一)

东方之门位于苏州工业园区毗邻星港街及金鸡湖 CBD 轴线的东端的龙头位置,以 CBD 轴线为中心对称,门洞位于轴线上方,传达了创建苏州新门户的喻意。东方之门总高度达到 301.8 米,在层高 238 米处将南北两楼连接起来,"门"形外观既表达了独特的古典神韵,又体现了高超的现代科技;同时它标志着 CBD 轴线的起始,又将空间向金鸡湖做了延伸。该建筑集商业、公寓式酒店、智能化写字楼和白金五星级酒店等功能于一体,以满足日益旺盛的市场需求。

东方之门（二）

东方之门占地面积约360亩，主体总建筑面积约46万平方米，总投资约45亿元，由英国RMJM建筑设计公司、香港奥雅纳工程顾问公司和华东建筑设计研究院合作设计。东方之门为苏州创造了一个生机勃勃、商业繁荣的城市新热点，并作为新的发展龙头引领中央商务区日益欣欣向荣。

东方之门（三）

东方之门这一新地标曾因被网友吐槽为"秋裤"而红透网络，从象形解读的角度上来看，说"东方之门"像"秋裤"不无道理，其实说它从中国古代城门简化而来应更为接近。东方之门很有向世界敞开大门、迎接东方来风的意蕴，是苏州这座历史文化名城的现代化表达。

打开大门的高楼和伸开双臂的雕塑象征着园区欢迎八方商家来苏州投资兴业。

《水滴》雕塑

  2009 年在生物纳米科技园广场建成的超大不锈钢材质《水滴》雕塑,在阳光照射下充满光泽,完美地表现出水滴晶莹剔透的感觉,三颗不同大小的水滴呈现下落时的动态,圆润的造型带来强烈的空间感和立体感,体现了与时俱进的环保主题。

阳澄湖畔自行车道

　　阳澄湖半岛自然亲水的精致景观、丰富深厚的多元文化、新颖独特的旅游项目……处处散发着宜观宜赏、宜游宜玩的休闲度假氛围,让人们感受逐水而居的美好。

　　如果你喜欢骑自行车,可以在 18 公里的环湖自行车道上骑行!沿蜿蜒湖岸与林中小径饱览春色,迎接微风与阳光的洗礼,享受御风而行的畅快!

尹山湖自行车比赛

　　尹山湖是苏州市吴中区郭巷街道的一个社区。尹山湖实施退田还湖,与独墅湖生态绿带区相接,形成一个水面面积约 2.13 平方公里、湖岸线 8 公里长的新尹山湖。规划建成 5.82 平方公里,集农贸、商贸、休闲、居住等多功能于一体的尹山湖片区,定位为吴中区城市次中心。

倒影

　　金鸡湖因传说有金鸡落于湖中船上而得名,湖面面积 10768 亩,水深 2.5 米至 3 米,为一浅小湖泊,有河道与周围水系相通。湖中盛产鲢、鳙、鳊、鲫等鱼类和青虾、河蚌等水产品,为苏州市重要的水产基地之一。比杭州西湖大 1.8 平方公里的金鸡湖,是目前中国最大的城市湖泊。

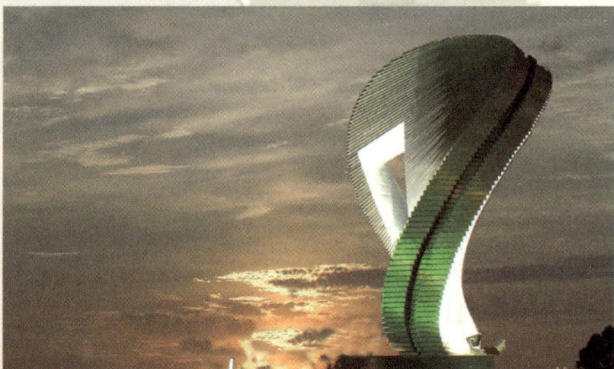

晚霞

　　伫立在金鸡湖西畔的雕塑《圆融》是苏州工业园区的城市符号,这个出自新加坡著名雕塑家孙宇立先生之手的作品,像一个动态扭转的古钱币,外圆内方,造型简洁,蕴含了中国和新加坡双方密切合作、相辅相成、相互交融的深意,显示出开放包容的时代精神。

金鸡湖东

　　以圆融时代广场为中心的周边,商家扎堆,是苏州首个国际化综合体,450米高的苏州国金中心(IFS)、310米高的苏州环贸广场(ICC)、丰隆城市中心、嘉润广场等项目见证着金鸡湖湖东商圈的崛起,上演着她的繁华与时尚!

金鸡墩路上

　　金鸡墩位于金鸡湖东岸,呈半岛形状,西、南、北三面环水,东面为星湖街,西面可远眺金鸡湖一线湖景,南面紧邻斜塘河景观带,是一个幽静的、亲水的以花园洋房、联排别墅为主的中低密度社区。周围拥有园区最核心的高端生活配套设施,且公交线路多,交通便捷。

中新工业园区雕塑

《大地乐章》雕塑位于金鸡湖大道与星湖街交叉口,颜色鲜红,造型巨大,结构独特,分外醒目。该雕塑高 32 米,重 75 吨,主体由 3 个巨型变体音符组成,两组音控灯光五线谱穿插其中,直冲云霄。雕塑寓意唱响园区辉煌的建设成就,展现园区人民奋勇向前的精神面貌。

中新工业园区独墅湖高校区

《升华》雕塑为双环形钢结构巨环,如日月之升,横跨星湖街,标志着园区继往开来,发展科教研发,推动区域产业转型升级的决心和信心。独墅湖高教区位于苏州城东独墅湖畔,成立于 2002 年,截至 2015 年,入驻 24 所院校,在校生达 10 万人。

苏州文化艺术中心

苏州文化艺术中心（原科文中心）坐落在美丽的金鸡湖畔，建筑面积约15万平方米，由演艺中心、影视中心、商业中心及文化馆等组成。艺术中心的原创建筑设计出自法国大师保罗·安德鲁之手，曾获新中国成立60周年百项经典暨精品工程殊荣和中国建设工程鲁班奖。

苏州中茵皇冠假日酒店

苏州中茵皇冠假日酒店位于金鸡湖畔，是一家融合时尚邮轮元素并可满足各类商务需求的主题酒店。拥有402间高雅客房，每间客房都可将园色、湖光尽收眼底。酒店拥有1066平方米的无柱宴会厅和12间会议室，可满足10—1000人的活动需求。

新斜塘老街（一）

　　街河相依，前河后街，老宅、老景点、老字号，置身其中，仿若穿越时间，回到当年的繁华。院落与街巷穿插延伸，曲折的回廊、上翘的檐角、石与水的交融、雕栏画栋的婉约，深色实木与石板街相映成辉，尽显古朴之风。

新斜塘老街（二）

　　沿街建筑以一、二层为主，绝大多数为坡顶式样，整体面貌和谐统一，基本保持着江南水乡民居原貌。河畔佳苑，是建筑，更是风景。漫步新斜塘老街，如置身于数百年前的姑苏城中。

斜塘古镇——古今穿越的老街区改造工程（一）

　　"斜塘"地名最早出现在南宋苏州郡守郑霖写于淳祐九年（1249）的《重修昆山塘记略》一文。古镇以斜塘老街为代表，经过重新规划改造，近770岁的街区现在已经变成了能够与国际接轨的新城。因此不到斜塘老街，不解古今穿越。

斜塘古镇——古今穿越的老街区改造工程（二）

　　走进改造后的斜塘老街，小桥流水、亭台阁榭，这种"古"与"洋"的完美搭配比比皆是，让人不知不觉迷失在这粉墙黛瓦之中。斜塘老街改造是古老与现代、保护与建设、继承与创新和谐统一的典范。新斜塘老街正行走在古韵今风的时光里。

肖特雕像

罗伯特·肖特（1905—1932），军政部航空学校美籍飞行教官，原系美国陆军航空队飞行员。1930 年，美国盖尔飞机公司派罗伯特·肖特来华开展联络业务。肖特是美国空军上尉，因精于飞行技术，被国民党军政部航空学校聘为飞行教官。他是第一个在与日军战斗中捐躯的美国飞行员，被列入 2014 年 9 月 1 日民政部公布的第一批著名抗日英烈名单。

肖特纪念馆

　　罗伯特·肖特，曾在美国陆军航空兵团服役，是一名熟练的飞行员，来到中国作为志愿者支援中国人民的抗日战争，他不仅训练中国飞行员，而且直接驾机在空中与遭遇的日本飞机作战。1932 年 2 月中旬，肖特驾机进行了第一场对日空战。他在长江出海口上空与日本战斗机编队遭遇，他首先开火，并击伤了一架日机。1932 年 2 月 22 日，肖特驾机从上海飞往南京，在苏州附近，他遭遇 6 架日机，陷入了以 1 敌 6 的绝对劣势中，他击毙了一架 B1M 攻击机的机枪手，但同时自己也被日机咬住，最终飞机坠落在距离苏州 10 公里郊外的独墅湖中，肖特当场牺牲，年仅 27 岁。为了表达中国人民对他的敬意，中国政府还在上海虹桥机场入口处为他树立了一块纪念碑，并追授他为中国空军上尉。

苏州园林

拙政园

拙政园,始建于明朝正德初年(16世纪初),是江南园林的代表,苏州园林中面积最大最著名的一座古典山水园林,列中国四大园林之首,被誉为"中国园林之母",为全国重点文物保护单位,国家5A级旅游景区,世界文化遗产。

拙政园大门

拙政园大门位于苏州市东北街 178 号,始建于明朝正德年间。在高高的清水砖砌成的墙门的正门上方有砖雕贴金的门额"拙政园"三个字。右边小门"淡泊",意"淡泊宁静";左边小门"疏朗",意"典雅清朗";进入墙门后,看到"通幽""入胜"2 个腰门便入园了。

小飞虹

朱红色桥栏倒映水中，水波粼粼，宛若飞虹，故以此为名。它不仅是连接水面和陆地的通道，而且构成了以桥为中心的既经典又独特的景观，是苏州园林中极为少见的廊桥。冬雪覆盖廊桥，如诗如画如歌。

拙政园花圃

拙政园的造园艺术特点还体现在以花木为胜上。早期王氏拙政园三十一景中，三分之二景观取自植物题材。至今，拙政园仍然保持了以植物景观取胜的传统，有山茶、玉兰、杏花、荷花、木芙蓉、腊梅等春夏秋冬四季花卉，花时灿若瑶华。荷花、山茶、杜鹃为拙政园著名的三大特色花卉。

见山楼

　　见山楼原名隐梦楼，是一座江南风格的民居式楼房，重檐卷棚，歇山顶，坡度平缓，粉墙黛瓦，色彩淡雅，楼上的明瓦窗，保持了古朴之风。底层被称作"藕香榭"，沿水的外廊设吴王靠，小憩时凭靠可近观游鱼，中赏荷花，远则园内诸景如画一般地在眼前缓缓展开。

卅六鸳鸯馆

　　卅六鸳鸯馆为拙政园西花园鸳鸯厅的主体建筑，南部为"十八曼陀罗花馆"，供冬末初春观赏山茶花之用；北部为"卅六鸳鸯馆"，供夏日观赏荷花和鸳鸯之用。此馆环境幽雅，陈设古色古香，曾经是主人宴友、会客、听曲、休憩的场所。

故乡苏州
我心中的眷恋

留听阁

拙政园的留听阁为单层阁，外形轻巧，四周开窗，阁前置平台，是赏秋荷听雨的绝佳处。阁内最值得一看的是清代银杏木立体雕刻的松、竹、梅、鹊飞罩，刀法娴熟，技艺高超，构思巧妙，将"岁寒三友"和"喜鹊登梅"两种图案糅合在一起，是园林飞罩中不可多得的精品。

园中雪景

此处为拙政园的东园，地势空旷，平岗草地，竹坞曲水，美不胜收。冬季大雪纷飞之时，更是银装素裹，分外妖娆。

小有天（拙政园的对景）

　　拙政园水池东端的"梧竹幽居"到西端的"荷风四面亭"，再到"别有洞天"，与远方的北寺塔形成了对景。在亭内园洞门环视门外，或高梧、修竹、枫杨、垂柳；或亭馆、漏窗、曲桥……圆框内的景中之象，景外之象，变化莫测，各种画面惹人迷目。

小沧浪凭栏北眺拙政园

　　拙政园的布局疏密自然，其特点是以水为主，水面广阔，景色平淡天真、疏朗自然。整个画面以池水为中心，楼阁轩榭建在池的周围，其间有漏窗、回廊相连，园内的山石、古木、绿竹、花卉、石桥构成了一幅幽远宁静的画面。小沧浪是观赏水景的最佳去处。

文徵明手植紫藤

　　紫藤是拙政园的古木名景，为建园之初书画家文徵明亲手栽植，至今已逾 400 年。紫藤主干胸径达 22 厘米，夭矫盘曲，鹤形龙势，花时璎珞流苏，下垂如串紫玉，极有观赏价值，被誉为"苏州三绝"之一。藤架下立石碑一块，上刻"文衡山先生手植紫藤"，为清光绪年间苏州巡抚端方所题。（现该地已划入苏州博物馆）

远香堂

　　远香堂为四面厅,面水而筑,单檐歇山顶,面阔三间,是拙政园中部的主体建筑。清乾隆时建于原明正德若墅堂的旧址上,堂内没有一根阻碍行动和视线的庭柱。堂名取周敦颐《爱莲说》中"香远益清"之意。堂北有宽阔的平台连接荷花池。夏日荷花盛开,轻风扑面荷香远送,恰合远香堂之名。

芙蓉榭

　　芙蓉榭位于拙政园东区广池之东,在水面东西轴线最远端,底部平台挑出水中,屋顶为卷棚歇山顶,四角飞翘,一半建在岸上,一半伸向水面。榭外围作回廊,美人靠环绕,是夏日赏荷的好地方。

拙政园借景北寺塔

　　游人走过中园洞门，沿古典建筑、花草树木让出的视线走廊，掠过荷池、曲桥，就能看到不远处一座玲珑宝塔的大半个身段。这是园外1.5公里处报恩寺内的北寺塔。拙政园借用此景，不仅巧补了私家园林不能造塔之缺憾，还让人在西望时觉得园景更加幽深，这是古典园林巧妙借景的典型佳例。

狮子林秋色

　　狮子林内一株已有近600年历史的古银杏树雄壮挺拔，秋叶灿若织锦直插天际。清唐孙华《晚秋狮子林小集》诗云："三径林香穿竹树，一池波影漾芙蓉。"木莲，即木芙蓉，落叶大灌木，叶大掌状浅裂，秋季开花，花大有柄，色有红白，晚上变深红。当假山、水遇上一片金灿灿的银杏和鲜艳的木芙蓉，那便成为狮子林引人注目的秋色景观。

狮子林

　　狮子林位于城区东北角的园林路3号。始建于元代至正二年（1342），因园内"林有竹万，竹下多怪石，状如狻猊（狮子）者"，故名"狮子林"。狮子林是中国古典私家园林建筑的代表之一，是苏州四大名园之一，同时又是世界文化遗产、全国重点文物保护单位、国家4A级旅游景区。

倪瓒画狮子林

倪瓒（1301—1374），号云林，元代画家，元四家之一。作品内容多为太湖一带山水，善画枯木、竹石、茅舍，景物极简。倪瓒为狮子林最早的设计者，此图为倪瓒绘《狮子林图》的局部。

吴冠中画狮子林

此图为吴冠中先生 1989 年 6 月在狮子林写生的水墨宣纸画（真趣亭和假山）。吴冠中（1919—2010），江苏宜兴人，是 20 世纪现代中国绘画的代表画家，中国绘画艺术大师。

世界文化遗产网师园夜景

古典园林网师园由"中国的居里夫人"——何泽慧院士家族于中华人民共和国成立初期捐赠给国家。钱三强、何泽慧夫妇是苏州人民的骄傲和楷模。

沧浪亭

沧浪亭于北宋庆历五年（1045）由诗人苏舜钦（子美）所创，原亭置北埼，清康熙三十四年（1695）巡抚宋荦移至此山岭，同治十二年（1873）重建。亭立山岭，石柱飞檐，山旁曲廊随波，可凭可憩。拾级至亭心，可凭眺全园景色。

五百名贤祠

　　五百名贤祠为道光七年（1827）陶澍所创,咸丰年间毁于兵火,同治十二年（1873）重建,为儒教名胜,悬匾"作之师",为人师表之意。祠中三面粉壁上嵌594幅与苏州历史有关的人物平雕石像,为清代名家顾汀舟所刻。所刻历史人物从春秋至清末跨时达2500年。其代表人物有伍子胥、董仲舒、李白、白居易、范仲淹、苏东坡、苏子美、韩世忠、文天祥、唐寅、文徵明、林则徐。

铁岭关

铁岭关原为枫桥敌楼,是江南著名古关隘,建于明嘉靖三十六年(1557),系明代抗倭遗迹,是江苏省文物保护单位。清道光九年(1829)重修,次年改称"文星阁",清末楼塌毁,仅剩底层拱门。1986年国家旅游局拨款重修铁岭关。

枫桥

枫桥是苏州有名的古迹,始建年代不详。当年张继夜泊时所见的唐代古桥早已不存,现在的这座半圆形单孔石桥为清同治六年(1867)重建。桥长39.6米,宽5.27米,跨度10米,东堍与铁岭关相连。游人可乘坐画舫,穿行桥洞,在水上饱览古桥、古关、古镇、古刹的清幽景色,领略《枫桥夜泊》的意境。

枫桥夜泊

　　《枫桥夜泊》是唐朝安史之乱后,诗人张继途经寒山寺时写下的一首羁旅诗:"月落乌啼霜满天,江枫渔火对愁眠。姑苏城外寒山寺,夜半钟声到客船。"这首诗句句形象鲜明,内容晓畅易解,被收录于中国历代各种唐诗选本和别集。寒山寺也因此诗的广为传诵而成为游览胜地。

张继像

　　张继(约715—779),字懿孙,唐代诗人,襄州(州治在今湖北省襄阳市)人。天宝十二年(753)进士,曾担任军事幕僚、盐铁判官、检校祠部郎中。他的诗爽朗激越,不事雕琢,比兴幽深,事理双切,对后世颇有影响,但流传下来的不到50首。

寒山寺的钟（一）

寒山寺的"天下第一佛钟"为仿唐式的古铜钟，总重量为108吨，钟高8.588米，钟底裙边最大直径5.188米，钟面主体铭文《大乘妙法莲华经》共69800个字，钟面上总共有铭文70094个字。大钟裙边上铸有九幅精美的飞天图及六铣口裙边。整个钟体造型巨大、厚重、秀美，是一件反映当代中华梵钟文化的艺术珍品。2008年11月，大钟入选"世界吉尼斯"名录。

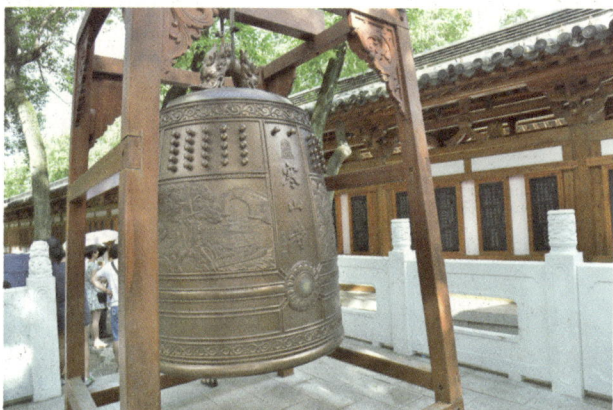

寒山寺的钟（二）

寒山寺半夜敲钟的习俗起源于唐代。无论春夏秋冬，每日半夜正交子时，寒山寺中就会时辰无差地传出这口巨钟的"嗡——嗡——"之声。民间称之为"分夜钟"，这钟声成为苏州城乡方圆数十里内，人们生活节律的时间信息。

寒山寺佛塔

　　1995 年,寺后逾 42 米的五级四面楼阁式仿唐佛塔普明宝塔落成。普明宝塔成为枫桥景区的标志性建筑,结束了寒山寺 600 余年无塔的历史。普明宝塔四方五层,由须弥座台基、塔身、塔刹三部分组成,总高 42.2 米。台基高 2.1 米,塔身高 30.5 米,塔刹高 9.6 米。宝塔四门,各悬"普明宝塔"匾额,分别为赵朴初、谢孝思、费新我、沈鹏题书。

寒山寺佛像

　　寒山寺始建于南朝萧梁天监年间(502—519),初名"妙利普明塔院",属于禅宗中的临济宗。1000多年内寒山寺先后5次遭到火毁,最后一次重建是清代光绪年间。寒山寺曾是中国十大名寺之一,寺内古迹甚多,有张继诗的石刻碑文,寒山、拾得的石刻像,文徵明、唐寅所书碑文残片等。

寒山、拾得像

寒山寺里比较有特色的是寒拾殿。此殿位于藏经楼内，楼的屋脊上雕饰着《西游记》人物故事，寒山、拾得二人的塑像就立于殿中。寒山执一荷枝，拾得捧一净瓶，披衣袒胸，作嬉笑逗乐状，显得喜庆活泼。相传寒山、拾得是文殊、普贤两位菩萨转世，后来又被皇帝敕封为和合二仙，是祥和吉庆的象征。

寒山寺巨碑大钟楼（一）

寒山寺内有一巨碑号称"中华第一诗碑"，料石采自山东嘉祥。主体高度为 15.9 米，总重量为 388.188 吨。其中，碑帽高 3.64 米，宽 5.5 米，厚 1.46 米。碑身高 10.26 米，宽 5.3 米，厚 1.3 米。碑座高 2 米，上沿宽 7.07 米，下沿宽 7.27 米，上沿厚 2.60 米，下沿厚 2.80 米。碑的正面，镌刻有清俞樾所书的张继《枫桥夜泊》诗一首。

寒山寺巨碑大钟楼（二）

在寒山寺"中华第一诗碑"的背面，镌刻有乾隆皇帝手抄的《般若波罗蜜多心经》一卷，共 289 个字。大碑上共雕刻有 28 条蛟龙。大碑矗立在一个水池中，以寓意张继夜泊枫桥时，水波涟漪，渔火点点的情景。

寒山寺巨碑大钟楼（三）

寒山寺大钟楼也叫梵音阁，阁檐三层，阁外四周有汉白玉台基三层，周围用汉白玉石栏围护。里面悬挂重 108 吨的"天下第一佛钟"，铜钟的下方贴近地面，钟的上方直指藻井。钟楼为全木结构，用掉了近 1600 立方米的红木。

行春桥

　　行春桥位于苏州城西南上方山路,跨石湖北渚。始建年代无考,南宋淳熙十六年(1189)修, 1957年重修。半圆薄墩九孔连拱长桥,东西走向,全长54米,中宽5.20米,中孔净跨5.30米,矢高2.60米,花岗石砌筑。苏州有农历八月十八游石湖,看行春桥下串月之风俗,其时明月初起,桥洞中月影如串。1963年3月20日,行春桥被列为市文物保护单位。

环秀山庄（一）

环秀山庄位于江苏苏州城中景德路,面积虽仅3亩,却集建筑、园林、雕刻、诗书、灰雕等传统艺术于一体,突出了园林建筑中雄、奇、险、幽、秀、旷的特点,为全国重点文物保护单位和世界文化遗产。

环秀山庄（二）

环秀山庄湖石假山为中国之最,为清代叠山大师戈裕良所作,环秀山庄亦因此而驰名。湖石假山占地仅半亩,而峭壁、峰峦、洞壑、涧谷、平台、磴道等山中之物,应有尽有,极富变化,仿若置身于万山之中,无怪有"别开生面、独步江南"之誉。

留园冠云峰

冠云峰位于留园东部，林泉耆硕之馆以北，是苏州园林中著名的庭院置石之一，充分体现了太湖石"瘦、漏、透、皱"的特点。冠云峰总高约 6.5 米，重约 5 吨，其高大为江南园林中湖石之最，与位于苏州市第十中学中的瑞云峰、上海豫园中的玉玲珑、杭州江南名石苑中的绉云峰并称为江南四大奇石。

留园一角

留园位于苏州阊门外留园路 338 号，以园内建筑布置精巧、奇石众多而知名，与苏州拙政园、北京颐和园、承德避暑山庄并称中国四大名园。留园占地面积 23300 平方米，为全国重点文物保护单位、世界文化遗产、国家 5A 级旅游景区。

留园寻梦

　　去留园寻梦,才不负苏州的春天、秋天。寻梦至此,美视美听,亦古亦今,如梦如幻,这是一幅多么美丽迷人的画面!

西园寺

西园寺，别名戒幢律寺，位于江苏省苏州市阊门外留园路西园弄18号，创建于元代至元年间（1264—1294），始名归元寺，现存建筑为清代重建，寺内五百罗汉堂为中国四大罗汉堂之一，于1982年被江苏省人民政府公布为江苏省文物保护单位。

西园寺济公像

罗汉堂内中心一侧有歪戴僧帽，肩披破僧衣，手持破葵扇的济公塑像。济公（1148—1209），原名李修缘，南宋高僧，浙江省天台县永宁村人，被后人尊称为活佛济公。他破帽破扇破鞋垢衲衣，举止似痴若狂，貌似疯癫，实则是一位学问渊博、行善积德的得道高僧，被列为禅宗第五十祖，杨岐派第六祖，撰有《镌峰语录》10卷，还有很多诗作，主要收录在《净慈寺志》《台山梵响》中。

西园寺千手观音像

    罗汉堂正堂,迎面是一尊用四块香樟木雕刻而成的四面千手千眼观音,观音像共有 1000 只手,每只手掌中有一只眼睛,象征着观音菩萨无限慈悲和无量智慧。

四季苏州·虎丘的郁金香（春）

　　虎丘山风景名胜区每年 3 月 28 日至 5 月 10 日都要举办花展。展出的花卉有郁金香、洋水仙、杜鹃、芍药、仙客来、几内亚凤仙、海棠等，以便在春季里形成数个赏花高潮。郁金香一般是花展的主要花卉品种。

四季苏州·拙政园的荷（夏）

　　荷花节是苏州拙政园一年一度的传统特色旅游项目，在每年夏季举行，于 1996 年首次举办。荷塘主要在东花园芙蓉榭、秫香馆前水面，中花园远香堂前、香洲、荷风四面亭水面，以及西花园鸳鸯馆北水面，共计 7000 平方米。另外，还在园中布置缸荷和碗莲。

四季苏州·留园的菊（秋）

　　每逢秋季,苏州留园都会把盆景菊布置在厅堂、几案供游人观赏,构成了一道秋色风景。盆景菊是应用盆景造型技巧,将菊花制作成苍劲自然、老干虬枝、悬根露爪等姿态,增加了菊花的观赏价值。

四季苏州·西山的梅（冬）

　　在全国著名赏梅胜地中,无论是按植梅的历史、规模、数量还是品种来比,西山林屋梅海都是最大的赏梅胜地。苏州西山植梅始于唐,盛于明清,已有 500 多年历史,现有梅林 4200 余亩,远胜过光福邓尉。西山林屋梅海还是中国梅文化研究基地,苏州西山梅花节每年冬季在这里举办。

"同里三桥"之一——吉利桥

在同里 49 座古桥中，名声最响的是"同里三桥"，即太平桥、吉利桥和长庆桥。三座桥呈"品"字形横跨河面，有"桥中一品"的美称；也有以桥名求平安、图吉祥、保幸福的"走三桥"的风俗。

同里镇

同里镇位于吴江区，建于宋代，其特点在于明清建筑多，水乡小桥多，名人志士多，是典型的"小桥、流水、人家"的江南水乡古镇，为国家 5A 级旅游景区。

退思园

　　退思园已被联合国教科文组织列入世界文化遗产名录。退思园园主任兰生 1885 年被革职回乡，回乡后聘袁龙设计，于 1887 年建成了退思园。退思园之名取《左传》"进思尽忠，退思补过"之意。该园的山、亭、馆、廊、轩、榭等皆紧贴水面布置，被称为贴水园。

退思园景窗

　　退思园中这处上有红花攀附和黄花相依的景窗，如一幅立体图画设置在园内的分隔墙面上，既可使墙面产生虚实的变化，又可使两侧相邻空间似隔非隔，景物若隐若现，具有"避外隐内"的功能。

艺圃（一）

　　艺圃布局从北向南为建筑——水池——山林，为苏州园林最基本的布局手法。此园的住宅部分不似其他园林以围墙来分隔，而是直接临水，与园林相交融。临水的水阁为住宅的一部分，在此可将全园景致尽收眼底，形成独具一格的"纳千顷之汪洋，收四时之烂漫"的艺术效果。

艺圃（二）

　　艺圃是一处始建于明代嘉靖年间的古典私家园林建筑，坐落在苏州市西北的金门附近，为苏州名园之一。全园占地3967平方米，分住宅、花园两部分。艺圃作为明代古建筑，被国务院批准列入全国重点文物保护单位名单，并被联合国教科文组织列入世界文化遗产。

艺圃（三）

　　艺圃是一座颇具明代艺术特色的小型园林，全园布局简练开朗，风格自然质朴，无烦琐堆砌、做作之感，其艺术价值远胜于晚清园林作品。从山水布局、亭台开间到一石一木的细部处理无不透出古朴典雅的风格特征，以凝练的手法，勾勒出造园的基本理念。

"执义秉德"门楼

艺圃的北部住宅区内有一处三飞砖墙门,上面雕刻四个字"执义秉德","执义秉德"带有治家道德格言性质,也是园主的道德写照:"执义",坚持合理的该做的事;"秉德",保持美德。

重元寺观音阁

　　重元寺始建于503年,原址在唯亭镇草鞋山, 2007年移址重建的重元寺有山门、观音阁、天王殿、钟鼓楼、大雄宝殿等,是旅游休闲、参拜祈福的极佳场所。观音阁是重元寺标志性建筑,高46米,是全国最高的水上观音阁。

重元寺佛像

  海岛观音群雕主要讲述善财童子五十三参的故事,采用传统生漆脱胎制像工艺,总长度 25.8 米,高 12.2 米,塑造大小佛教人物 150 余尊。该群雕面积近 300 平方米,为国内之最。

城外景

虎丘景区

　　被誉为"吴中第一名胜"的"虎丘"一名来历已近2500年,《史记》记载,吴王阖闾葬于此。传说因葬后三日有"白虎蹲其上",故名。景区内有海涌桥、断梁殿、试剑石、千人石、剑池、二仙亭、国家级文物云岩寺塔(也称虎丘塔)等许多名胜古迹。

虎丘剑池

　　"虎丘剑池"四个大字是我国唐代著名书法家颜真卿所书。颜体素有"蚕头燕尾"之称,造诣极深。景区内还有王羲之等许多名人石刻,也是园中一绝。

虎丘后山幽·玉兰长势茂

　　虎丘"前山美,后山幽",后山脚下古木参天,大量古树名木,樟、杉、柏、松、银杏、玉兰长势茂盛,掩映在丛林中有分翠亭、玉兰山房、揽月榭等景点。"平坐游览遍天下,游之不厌惟虎丘",就是人们对虎丘山最美好的赞叹。

虎丘后山幽 · 竹林翠深深

虎丘山上植有大片大片的竹子,竹叶沙沙,竹笋尖尖。

虎丘盆景园

虎丘山东南麓有苏州独一无二的盆景园"万景山庄",盆景多以树桩为主,以古拙、清秀、淡雅自然的风格自成一派。

虹饮山房

虹饮山房,位于苏州市吴中区木渎古镇山塘街,是清初木渎文人徐士元的私家园林,乾隆六次下江南,每次都临幸游历。虹饮山房建筑体量宏大宽敞,既有江南文人园林的秀气,又兼北方皇家园林之大气,为南北园林不同文化风格巧妙融合于一体之典范。

灵岩山内

灵岩山,位于木渎古镇西北,山高 182 米,方圆 124 公顷,山多奇石,尤以灵芝石为最,山由此得名。灵岩山一向有"灵岩秀绝冠江南""灵岩奇绝胜天台""吴中第一峰"等美誉。

明月古寺

　　明月古寺位于苏州市木渎镇,建于后唐清泰二年(935),僧明智所创。1993年修复开放,寺附近原来有一大片梨树林,每逢初春,"千树万树梨花开",成为古镇一景。清李果有"梨花明月寺,芳草牧牛庵"之句,传诵一时。

上真观穹窿三清阁

上真观坐落于苏州穹窿山的三茅峰,始建于汉平帝元始年间,距今已有 2000 多年的历史。殿宇依山而筑,占地数百亩。上真观的主要结构均沿中轴线排列,从东向西,依山势建有山门殿、三茅殿、玉皇宝殿、三清阁等。

穹窿胜迹

苏州穹窿山景区,地处姑苏西部。穹窿山为苏州第一名山,主峰"箬帽峰",海拔 341.7 米,为太湖东岸群山之冠,因而又有"吴中之巅"的美誉。穹窿山不但山色秀美,还有诸多政治、军事、宗教、文化等人文景观。

沈寿故居（一）

沈寿故居位于木渎山塘街斜桥西,原为明代李时所治的小隐园。清末,陈家的外孙女沈寿七岁时住到这里,随外祖母和姐姐沈立学习女红,用功不辍,终成一代"刺绣皇后"。

故乡苏州
我心中的眷恋

沈寿故居（二）

　　沈寿（1874—1921），初名云芝。生于苏州阊门海红坊。1904年，她绣了《八仙上寿图》《无量寿佛图》等作品，为慈禧祝寿，慈禧极为满意，赐"寿"字，沈云芝遂易名为"沈寿"。后被任命为清宫绣工科总教习，自创"仿真绣"，在中国近代刺绣史上开了一代新风。

沈寿故居内

　　故居内有厅堂四进，是一处精巧雅致的宅第庭院。

天平范仲淹红念坊

　　天平范仲淹红念坊门前矗立着一座四柱白石牌坊,高大雄伟,坊额镌刻着范仲淹"先天下之忧而忧,后天下之乐而乐"的千古名句。

天平红叶（一）

天平山，位于木渎古镇西北，海拔 201 米，占地近百公顷。因其山顶平正而得名，又因范仲淹的高祖葬于山麓，故也叫范坟山。怪石、清泉、红枫为天平三绝。

天平红叶（二）

苏州天平山与北京香山、湖南岳麓山、南京栖霞山并称为中国四大赏枫胜地。苏州天平山红枫为范仲淹 17 世孙范允临从福建移来，尚存 176 株，迄今已有 400 多年历史，深秋时节，天平红叶，灿烂如霞，瑰丽夺目。

天平山高义园

高义园共五进,依山而建,地坪逐进升高,纵深约 70 米。后院为高义园正殿,内有乾隆十六年（1751）弘历初游天平时所题"高义园"蓝底金字盘龙匾,"高义"来自杜甫诗句"辞第输高义,观图忆古人",用以赞赏范仲淹和他的后人的"云天高义"。

天平御碑亭

御碑亭位于天平山枫林南侧,又名御书亭。亭始建于唐代,其间正值白居易出游归山隐居,便命名长生亭,后设乾隆御书碑刻而更名御碑亭。

严家花园

　　严家花园,位于木渎古镇山塘街王家桥北,最初是清乾隆年间苏州大名士沈德潜的寓所。清道光八年（1828）,新园主钱端溪对寓所进行扩建,取名端园。光绪二十八年（1902）,木渎首富严国馨买下端园,更名"羡园"。因园主姓严,当地人又称"严家花园"。

严家花园内

　　严家花园经过三代主人的努力,前后历时 200 多年,无论是岁月沧桑,还是人文底蕴,都赋予严家花园一种文化气息和名园风范,被现代著名建筑学家刘敦桢教授称为"江南园林经典"。

御码头

乾隆十六年（1756）的春天,乾隆首次南巡御舟在木渎登岸的码头。

范成大祠（一）

范成大祠有享堂两进,面阔三间 16 米,进深 8 米,硬山顶。堂内悬
"寿栎堂"匾,有范成大塑像。左右壁间嵌明代石刻田园诗碑七方,诗、书、
刻俱佳,堪称珍品。

范成大祠（二）

范成大（1126—1193），字至能，号石湖居士，苏州吴县人，南宋政治家、文学家、著名田园诗人，官至参知政事、资政殿大学士。《四时田园杂兴六十首》，是他一生田园诗的代表作。

范成大祠（三）

范成大祠原名范文穆公祠，位于苏州市郊石湖行春桥畔茶磨屿下，背山面湖，东向有祠门、享堂，左右以廊相连，中为庭院。祠门额题"范文穆公祠"字样。1963年，范成大祠被列为苏州市文物保护单位。

西山千年紫藤

西山多古树,其中1200—1500年的柏树有3株,1000年以上的香樟有2株,500—800年的香樟有12株,800年以上的罗汉松有1株,600年以上的紫藤有1株,500年以上的桂花有2株,400—500年的银杏有3株,300年以上的白皮松有2株。

西山明月湾码头

西山是洞庭山的简称,面积79.8平方公里,系太湖第一大岛。西山以太湖山水、古吴文化的人文自然风光和田园野趣、美食度假的休闲娱乐观光为特色,相继被命名为国家级现代农业示范园区、国家森林公园、全国小城镇综合改革试点镇。

明月湾

明月湾位于苏州市吴中区金庭镇石公行政村大明湾自然村。相传2500多年前的春秋时期,吴王夫差和美女西施,曾经在此共赏明月,古村由此得名。明月湾的历史遗存丰富多彩。弯弯地伸入太湖的古码头,曾是村民走向外部世界的主要通道。

明月湾古樟

明月湾依山傍湖,三面群山环绕,终年葱绿苍翠,深藏不露,深得桃花源意境。高高的古樟树,如伞似盖,植于唐代,树龄约1200年,是明月湾古村的标志。

东山紫金庵泥塑

　　紫金庵始建于梁陈时期，唐贞元年间废后复建，至今已有 1400 多年的历史。十六尊泥塑彩绘，三尊如来佛像，观音像，"慧眼""华盖""经盖"三宝，罗汉群像等彩绘装銮工艺精湛。世人称紫金庵泥塑彩绘罗汉为"天下罗汉二堂半"之一堂，是我国雕塑美术史上的文化遗产。

太湖湿地公园（一）

　　苏州太湖国家湿地公园坐落在苏州市区的西部，西枕太湖，东接东渚，南连光福，毗邻镇湖，规划总面积4.6平方公里。苏州太湖国家湿地公园是一个自然与文化相融的个性独具的原始时尚休闲景区，公园先后获得"国家级湿地公园""国家4A级旅游景区"的称号。

太湖湿地公园（二）

　　苏州太湖国家湿地公园汇集了湿地渔业体验区、湿地展示区、湿地生态栖息地、湿地生态培育区、水乡游赏休闲区、湿地生态科教基地、原生湿地保护区等七大功能区。景区内有桃源人家、桑梓人家、七桅古船、渔矶台、槿篱茅舍、半岛茗茶、青云画舫、烟波致爽等景点。公园主要为鸟类和鱼类提供栖息地。

太湖湿地公园（三）

　　苏州太湖国家湿地公园共有珍稀濒危植物 24 种。湿地植物主要分为挺水植物、浮叶植物和沉水植物三种。挺水植物是指根生长在底泥中，茎、叶挺出水面的植物，如莲藕、荸荠、香蒲、芦苇、慈姑、灯芯草、菖蒲、紫芋等；浮叶植物是指生于浅水中，叶浮于水面，根长在水底土中的植物，如睡莲、王莲、菱、芡实、莼菜等；沉水植物是指植株全部或大部分沉没于水下的植物，如苦草、眼子菜、黑藻、金鱼藻、水车前、中华水韭等。

太湖湿地公园（四）

　　苏州太湖国家湿地公园在突出"自然、生态、野趣"的基础上，融入观景、人文、休闲和游乐等要素。湿地公园的建成，极大地提升了苏州高新区的生态环境，进一步丰富了苏州高新区旅游的构架和内涵，已成为苏州旅游的新地标。

太湖湿地公园（五）

苏州太湖国家湿地公园涵盖了四大类湿地，即河流湿地、湖泊湿地、沼泽湿地、人工湿地，占总类型的4/5；包括永久性河流、永久性淡水湖、草本沼泽、灌丛沼泽、森林沼泽、水产池塘、水塘、灌溉地，共8个小类。

光福古柏

邓禹（东汉光武帝的大司马）手植的四株古柏，树龄已有1900年。其中一株屹然挺立，另三株因受雷击，或被劈成两半，或卧倒在地，因而造型怪异，但仍然存活，表现出顽强的生命力和不屈不挠的抗争精神。清乾隆下江南来此一游，为四株柏树题了"清、奇、古、怪"四字。从此这一组古树闻名江南。

万佛石塔

万佛石塔简称万佛塔,原名禅师塔,坐落在苏州新区镇湖街道西京村。万佛塔始建于南宋绍兴年间(1131—1162),元大德十年(1306)重修。基高约 11.4 米。万佛石塔建筑风格古朴、庄重,构造独特,自成一体,为国内现存古塔之绝无仅有,为全国重点文物保护单位。

菱湖渚（一）

　　苏州太湖菱湖渚公园（又称灵湖嘴、灵湖咀公园）位于吴中区临湖镇（原渡村镇），环太湖大道从门前而过。古太湖称五湖，即菱湖、胥湖、游湖、莫澎、贡湖。菱湖因 2500 多年前，吴王阖闾曾派人在此水中植菱而得此名。

菱湖渚（二）

　　晚霞逐日飞，太湖的上空镶上了金边，透过云层，落日照射在万顷太湖上，金光闪闪，水天互映。那一抹晚霞色彩浓郁，如陈酿的美酒，层层叠叠，气势如排山倒海般恢宏。它凝聚了一天的精华，在夜之将至时，迸发出所有的能量，把美默默地尽情释放并把舞台让给月儿。

小码头

太湖边至今还留存着好几个码头,弯曲的石岸延伸到湖里。以前村落里的人出门都走水路,走过青石板,然后登船出行。现在这些码头,主要供太湖里的捕鱼船停靠,间或供附近的村民洗衣之用。喜欢户外郊游的人,在此也可以看到他们的身影。

心石

"太湖美,美在湖岸边",太湖湖岸线绵长,水面极开阔、舒缓,堪与大海的辽阔相媲美,似海非海的太湖有着独特的湾区资源。在湖岸边,除了有建筑、景观带、亲水平台外,还有自然石等小品错落有致地分布着,宛若一个个在五线谱上跳动的音符,奏出属于太湖的美妙乐章。

太湖大桥

　　1994 年 10 月建成的太湖大桥北起胥口渔洋山，南至西洞庭山，途经长沙、叶山两岛，由各具特色的 3 座特大桥组成，全长 4308 米，181 孔，桥面宽 12 米。一号桥最长，1768 米；二号桥最高，中心孔高 22.5 米；三号桥最精致，贴水而浮。桥体如一条飞舞的银链，飘落在太湖群岛之间，蜿蜒起伏。

太湖贡山岛

　　贡山岛是太湖东北部水域中四面环水的湖心岛屿，由大小贡山组成，西南与万佛石塔相望，是天灵景区的重要组成部分。随着苏州高新区的开发，苏州西部全面发展，大贡山与小贡山之间架了一座桥梁，环太湖公路越筑越长。这里盛产的贡山茶比较有名。

太湖冬日

　　冬天的太湖湖面是寂静的,只有鱼跃出水面时溅出的水花和圈圈涟漪,转瞬又恢复了平静。时而有北风刮过,吹动泛黄的芦苇,吹拂镜面般的湖面,悄悄触碰着这静谧的世界。

东山雕花楼（一）

东山，是延伸至太湖中的一个半岛，历史悠久，有众多名胜古迹，为国家重点风景名胜区。东山雕花楼位于洞庭东山光明村，原为金姓私人住宅，是一宏伟豪华仿明庄园式建筑，全楼建筑及家具摆设遍布雕刻，且精美绝伦，享有江南第一楼美誉。1922 年兴建，历时三年，花去黄金 3741 两。

东山雕花楼（二）

大门对面是一堵曲尺照墙，上有砖雕"鸿禧"二字，比喻出门见喜。进门就见这座砖雕门楼，气势雄伟，工程浩大，刻画精细。整座门楼除屋面外，分上、中、下三栏。门楼正中横额上的"聿修厥德"四个大字，表明主人修心行善积德之意，望柱上还分别以圆雕手法雕出"福、禄、寿"三尊坐像，以示三星高照。

东山雕花楼（三）

后大厅称为"厚德堂"，厅内的雕刻与前大厅的雕刻相呼应，底楼承重大梁和轩梁上雕刻全套《西厢记》图案。厅内放置一套红木家具，式样和摆设根据接待人物而定，与前大厅风格略有不同，后大厅接待的是文人雅士。

东山雕花楼（四）

孩儿莲是一个神奇景观。孩儿莲是广州名花，花儿小若指甲，形状如莲，花色红润似孩儿脸，故称孩儿莲。目前苏南地区仅此一棵，十分珍贵。

东山雕花楼（五）

东山雕花楼的外面被一堵20多米高的黑色风火墙护住，两侧夹以徽派建筑的马头墙，使雕花楼像一座神秘的城堡。而进入楼内后，抬头向天井四周望去，自上而下，由前往后，从左到右，凡目所能及之处，全是各式各样的雕花，可谓楼无处不雕，雕无处不精。在天井上方光线的映照下，满眼的雕花构件，令人眼花缭乱，叹为观止！

东山雕花楼（六）

楼北小花园，以翠竹、石笋装点春景，荷池、小桥点缀夏景，紫薇、玉桂渲染秋景，天竺、蜡梅衬托冬景。园内太湖石假山上，有十几种形状的石兽。处处表明造园者的匠心独运。

东山雕花楼（七）

　　雕花楼"无处不雕，无处不精"，全楼建筑砖雕、木雕、金雕、石雕、铺地雕刻精致，彩绘、泥塑精美绝伦，是吴县香山帮工匠的杰作。

东山雕花楼（八）

　　"进门有宝、伸手有钱、脚踏有福、抬头有寿、回头有官、出门有喜"是大楼的精华。有诗赞："此楼应是天上有，人间哪得几回闻。"

苏州博物馆

苏州博物馆

　　苏州博物馆位于苏州市东北街，1960 年建立，2006 年 10 月建成新馆。新馆设计者为贝聿铭，投资 3.39 亿元，和忠王府古建筑相伴，总建筑面积 26500 平方米，是一座集现代化馆舍建筑、古建筑与创新山水园林三位于一体的综合性博物馆，是全国重点文物保护单位。

片石假山

　　山水园隔北墙直接衔接拙政园之补园,水景始于北墙西北角,仿佛由拙政园西引水而出;北墙之下为独创的片石假山,就如绘在墙上的画作。这是区别于传统的太湖石假山的独特的"分水裁山"杰作。

苏州博物馆主庭院及其倒影

　　中央大厅北部的主庭院东、南、西三面由新馆建筑相围,北面与拙政园相邻,大约占新馆面积的五分之一空间。这是一座在古典园林元素基础上精心打造出的创意山水园,由铺满鹅卵石的池塘、片石假山、直曲小桥、八角凉亭、竹林等组成,既不脱离中国人文气息和神韵,又不同于苏州传统园林。

景窗

　　正对入口墙面上的两个六边形窗将远处景观巧妙地借入了室内。

苏州博物馆声光电展示

　　参观者可以用高科技手段与展出项目互动,增加了感染力和趣味性。

真珠舍利宝幢

真珠舍利宝幢是宋代文物,是用珍珠等七宝连缀起来的一个存放舍利的容器。高 122.6 厘米。1978 年在瑞光寺塔第三层天宫中发现,是苏州博物馆馆藏国宝级文物之一。

宝幢的主体用楠木制成,分须弥座、佛宫、刹三个部分。宝幢制作选用了佛教所说的世间"七宝",即水晶、玛瑙、琥珀、珍珠、檀香木、金和银等材料。整个宝幢上用于装饰的大小相等的珍珠就达四万多颗。

嵌螺甸经箱
唐—五代

Sutra case with mother-of-pearl
inlay

Tang Dynasty— Five Dynasties
(618-960)

嵌螺甸经箱

　　嵌螺甸经箱为宋代文物,长 34.8 厘米,宽 13.7 厘米,高 12.7 厘米。经箱分盖、身、台三部分。盖为盝顶长方形套盖,盖面图案在散花中聚成三朵团花,中间镶半圆形水晶,并点缀五彩宝石。四周斜坡和边沿嵌有瑞花、菱形环带花纹,间饰以蝴蝶和飞鸟状钿片。箱身壁面四周嵌缠枝形石榴、牡丹等花卉。台座采用须弥座形式,设 16 个凹形台门,中有堆漆描金瑞草,金碧辉煌。

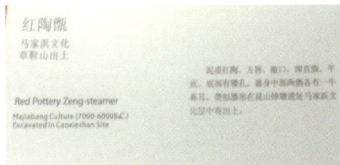

红陶甑
马家浜文化
草鞋山出土

Red Pottery Zeng-steamer
Majiabang Culture (7000-6000B.C.)
Excavated in Caoxieshan Site

红陶甑

　　红陶甑属新石器时代马家浜文化期,出土于苏州草鞋山。泥质红陶甑,方唇,敞口,深直腹,平底。底部有镂孔,器身中部两侧各有一牛鼻耳。类似器形在昆山绰墩遗址马家浜文化层中有出土。

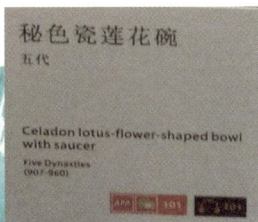

秘色瓷莲花碗
五代

Celadon lotus-flower-shaped bowl
with saucer
Five Dynasties
(907-960)

秘色瓷莲花碗

　　五代越窑秘色瓷莲花碗是苏州博物馆三件国宝文物之一。莲花碗由碗和盏托两部分组成。通高 13.5 厘米,碗高 8.9 厘米,口径 13.9 厘米, 盏托高 6.6 厘米。碗外壁饰浮雕莲花三组,盏托刻画双钩仰莲两组,盏托下部的圈足,饰浮雕覆莲二组。器形敦厚端庄,比例适中,线条流畅,构思巧妙,浑然天成,丰腴华美,通体恰似一朵盛开的莲花。

铜鼎

　　楚式鼎,春秋,虎丘千墩坟出土。盖上三立兽,及铺首衔环,子榫口,口沿下饰雷纹、弦纹。双耳,耳内外饰陶纹一周,圆底,底下有烟炱痕迹。牛蹄足,足根饰蟠螭纹,兽面。出土时鼎内盛有骨骼,经上海自然博物馆专家鉴定,鼎内骨骼为幼豕之骨。鼎属饪食器,是青铜器中最重要的礼器,也是贵族身份的象征。

月宫镜
唐代

Bronze Mirror
Tang Dynasty
Bronze

海兽葡萄铜镜
唐代

Bronze Mirror with Beast and Grape
Tang Dynasty
Bronze

规矩铜镜
汉
沙洲县出土

Bronze mirror with standard design
Han Dynasty
Unearthed in Shazhou City

铜镜

　　铜镜是一种古老的汉族工艺品,是由青铜所制的器物。史料记载,自商周时代起,古人就用青铜磨光做镜子,铜镜光亮可照人,背面雕有精美纹饰。到战国时,铜镜已很流行,汉、唐时更加精美,宋代以后日渐衰弱。汉至六朝,再至唐代,铜镜在苏州多有出土。

　　规矩铜镜,汉,沙洲县(现张家港市)出土。

男侍俑手捧盒、手持鸟

　　陶人俑、动物俑和各种生活用（陪葬）器皿都是中国古代（明器）陶塑艺术史中的重要组成部分，陶人俑是古代墓穴中拟代活人陪葬用的偶人，用陶人俑替代"活人"殉葬的风俗转变，是古代社会进步重要的标志。

　　男侍俑质朴、纯真的微笑，儒雅的神态，无忧无虑的神情，显示出其内心世界平静而安详。

陶屋

　　汉代是中国古代墓葬方式发生转变的时代,从西汉中期至东汉后期,古人厚葬之风渐衰,随葬品也由以前的各种青铜礼器组合变为日常生活用品或者生前用过的物件,像陶质屋、仓、灶、井和鸡、犬、猪、羊等与生活密切相关的随葬品大量出现在汉墓中。古人更加关心自己死后能否在阴间拥有财富,过上舒适的生活。

彩绘描金泥质观音像

宋

The Clay Figure of Avalokitesvara
Design in Thin Gold Tracery

Song Dynasty
(960-1279)

彩绘描金泥质观音像

　　观音高髻花冠,站立式,双足与肩同宽。弯眉,细眼,直鼻,朱唇小口。面庞丰腴,额头有痣。内穿胸衣,外着带头套大衣,左手虚握右手肘部置于身前,造型生动,端庄飘逸。衣饰重彩描金,彩绘精细,堪称杰作。

磁州窑系彩绘坐相观音
元

Painted seated statue of Avalokitesvara,
Cizhou ware

Yuan Dynasty
(1271-1368)

磁州窑系彩绘坐相观音

　　磁州窑是中国传统制瓷工艺的珍品,是中国古代北方最大的民间瓷窑。窑址在今河北省邯郸市的彭城镇和磁县的观台镇一带,磁县在宋代叫磁州,故名。磁州窑创烧于北宋中期,并达到鼎盛,南宋、元、明、清仍有延续。观音在古印度时是男相的,佛教传入中原后才慢慢被女性化。观音盘腿坐在兽台上,左右手相叠放在腿上,和谐、庄严。

马褂

马褂是一种穿于袍服外的短衣,衣长至脐,袖仅遮肘,主要是为了便于骑马,故称为"马褂"。它区别于汉族在宋、明时期的马褂,清代的马褂不修边幅。康熙、雍正年间,由于奴化政策,才开始在社会上流行,并发展成单、夹、纱、皮、棉等服装,成为男式便衣,士庶都可穿着。

旗袍

    清王朝于顺治二年（1645）下达剃发易服政令，逼迫汉人剃发留辫，改穿满旗服饰。但是，受汉文化的影响，也由于满人骑射生活方式的改变，旗袍的款式和用料也逐渐发生了变化。袖口渐渐由窄变宽，领口、衣襟及袖端边缘等处都镶绣着花纹，甚至旗袍满身都绣有当时流行的花卉和吉祥图案，做工越来越细，旗袍也越来越俏丽。于是苏绣旗袍应运而生。

戏厅

　　会馆为同乡人聚会之所,亦是商贾贸易洽谈之地。古典戏台是八旗奉直会馆利用四合院南部的庭院修建而成,历经数次维修,是目前国内保存完好的室内古典戏台之一。

苏州工艺美术博物馆

　　苏州工艺美术博物馆成立于2003年1月,占地4804平方米,馆内收藏了十余类近千件工艺美术精品、珍品,是展示苏州乃至华东地区工艺美术艺术瑰宝的殿堂。

大型檀香木雕《莲池海会》

　　大型檀香木雕《莲池海会》由江苏省工艺美术大师李凤强于2001年创作,作品采用整块檀香木,将众多佛像雕刻在亭、台和云天莲池之上,形象生动,巧夺天工。

《九龙》大宫扇

作 者：邢伟中

作品采用东印度檀香木、沉香木、紫檀木、象牙、红珊瑚、黄金、白金、银丝等名贵材料，运用立雕、浮雕、镶嵌、拉花等工艺，历时两年，制作而成。宫扇雕刻图案以九龙腾飞为主题，造型奇美、工艺精湛、气势非凡，是我国制扇史上塔称最大的檀香、沉香、紫檀雕刻宫扇。

《九龙》大宫扇

《九龙》大宫扇由中国工艺美术大师邢伟中创作，作品采用多种名贵材料，以九龙腾飞为主题，历时2年制作而成，是我国制扇史上最大的檀香、沉香、紫檀雕刻宫扇。

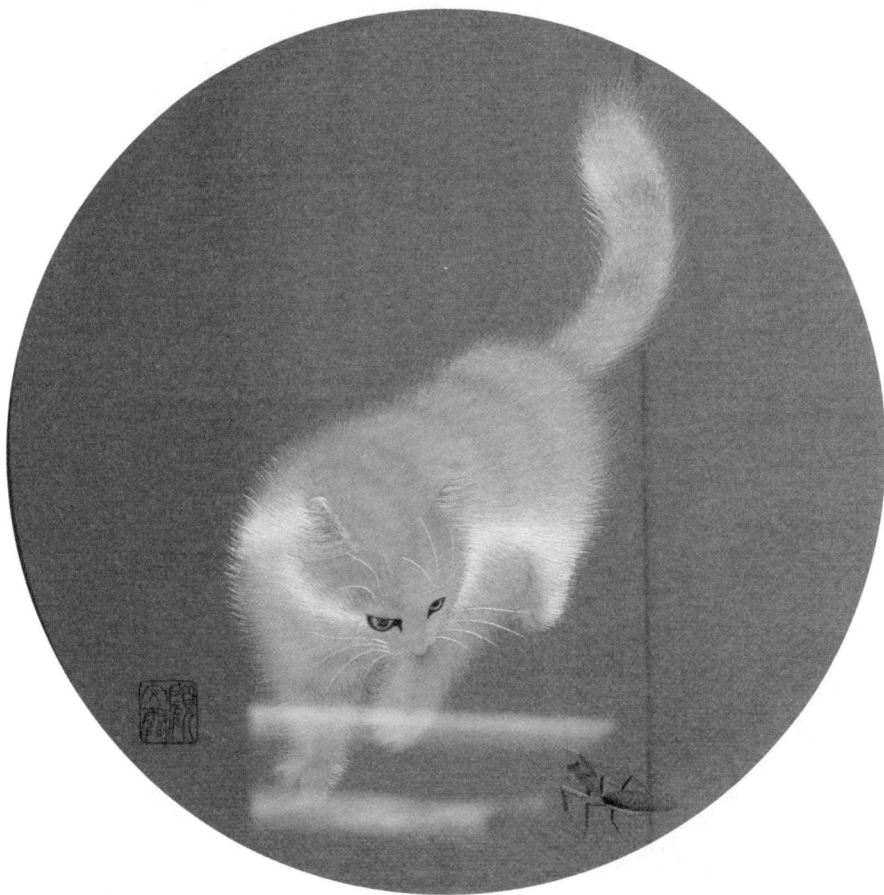

苏绣《猫》

苏绣《猫》由顾文霞创作。顾文霞，1931 年 3 月出生于苏绣之乡苏州木渎古镇，是中国工艺美术大师、亚太地区手工艺大师、国家级非物质文化遗产（苏绣）代表性传承人。

顾文霞大师擅长绣猫，早年的作品被国家领导人作为国礼赠送给各国首脑。

红珊瑚雕 《飞天》

作者：瞿法林 类名老艺人

红珊瑚雕《飞天》

作品采用稀有的红珊瑚材料，由著名艺人瞿法林雕刻而成。三个红色的手持不同乐器的人物飞舞在祥云、鲜花之间，跳跃于绿色的海浪、飞鹤之上，刻工精细，技艺精湛。

《渔舟》

　　船的桅杆上有 11 块迎风借力的船帆，中尾部有 2 个为渔人遮风挡雨的篾席篷，还有锚、桨、橹、揽桩、绳栓及鱼叉等工具和渔具。作品纹理精致，雕工精湛。

古镇甪直

甪直古镇

　　具有 2500 年历史的甪直古镇，水多，桥多，巷多，古宅多，名人多。主要的景点有保圣寺、叶圣陶纪念馆、江南文化园等。甪直是中国历史文化名镇、全国环境优美镇、中国民间文化艺术之乡和中国特色景观旅游名镇。2012 年被列入中国世界文化遗产预备名单。

甪直神兽

甪直原名为甫里,后因镇东有直港,通向六处,水流形如"甪"字,故改名为"甪直"。又传古代独角神兽"甪端"巡察神州大地路经甪直,见这里是一块风水宝地,因此就长期落在甪直,甪直因为有神兽护佑,年年丰衣足食。

保圣寺

　　保圣寺内古物馆里的塑壁罗汉相传是唐代塑圣杨惠之的作品。保圣寺原名保圣教寺,始建于梁天监二年(503),距今已有1500多年的历史。寺内现存建筑有二山门、天王殿、古物馆等。1961年,保圣寺罗汉塑像被列为全国首批重点文物保护单位。

叶圣陶纪念馆

叶圣陶（1894—1988），出生于江苏苏州，现代作家、教育家、文学出版家和社会活动家，有"优秀的语言艺术家"之称。1907 年，考入草桥中学（苏州市一中）。1916 年，进上海商务印书馆附设尚公学校执教。1917 年，应聘到吴县甪直的吴县第五高等小学任教。1949 年后，先后出任教育部副部长、人民教育出版社社长和总编、全国政协副主席等职。

叶圣陶先生之墓

叶圣陶先生的墓地就在千年古刹保圣寺内。

沈柏寒旧居

沈宅是甪直教育家沈柏寒先生的故居,地处甫里八景之一的"西汇晓市"之间,建筑布局有亦仕、亦商、前店、后宅、左坊、右铺的特色。沈宅原建筑面积为 3500 余平方米,现修复开放的为其西部,约 1000 平方米。

万盛米行

　　万盛米行是甪直镇一家老字号店铺,始于民国初年,由镇上沈、范两家富商合伙经营,后转殷家。米行规模宏大,有存放米食的廒间近百,是当时吴东地区首屈一指的大米行,是甪直镇及周围 10 多个乡镇的粮食集散中心之一。

农具展

　　江南自古就是富庶之地,这除了得天独厚的自然气候之外,与当地农民的智慧密不可分。在农具博物馆内可以看到鱼米之乡的农具文化。

我心中的眷恋
故乡苏州

髻鬏头梳理装饰完毕

鬏头的边缘环绕。

固定后，左
的两边。

除了包头巾之外，水乡妇女的发式及装饰极为讲究，
历史渊源流长，成为妇女之美的重要标志。

甪直妇女服饰（一）

水乡奇葩——甪直水乡妇女
服饰，经国务院批准成为第一批
国家级非物质文化遗产。

国家级非物质文化遗产

苏州甪直水乡妇女服饰

中华人民共和国国务院公布
中华人民共和国文化部颁发
2006年6月

甪直妇女服饰（二）

　　甪直的妇女在制作工艺品方面具有非凡的创造力，这些作品展现了甪直传统服饰的独特价值。甪直镇已成立甪直水乡妇女服饰文化协会，吸收现有老裁缝、老喜娘、老农妇等作为传承人。

甪直妇女服饰（三）

甪直水乡妇女服饰的出现，可以追溯到5500年前稻作农业经济时期，着这种服饰的妇女主要分布在以甪直为中心的360平方公里水乡地区。现在当地不少人还穿着传统服饰，常被人们誉为"江南的少数民族"。甪直古镇正成为一座流动的民俗服饰展览馆。

甪直妇女服饰（四）

　　甪直水乡妇女服饰以三角包头、大襟纽襻拼接衣裤、绣裪裯裙、束腰带、百纳绣花鞋、胸兜、卷膀为其典型特征，运用了拼接、滚边、纽襻、带饰、刺绣等多种手工加工技艺。

甪直妇女服饰（五）

　　甪直水乡妇女服饰博物馆坐落在苏州甪直文化园内，博物馆分为主展区和互动区。主展区展示水乡服饰的地理分布、基本构成以及各年龄段的水乡女性服饰。

甪直少女成人礼

在甪直水乡妇女服饰博物馆互动区内，以互动设计与现场表演的方式，通过幻影成像、微缩沙盘等全景展示少女成人礼、新娘出嫁等特色民俗，向游客展示水乡妇女服饰独特的神韵。

甪直生态园

甪直生态园位于"神州水乡第一镇"——甪直镇澄湖左岸的省级现代农业科技示范园区内,占地面积3500亩。水八仙是苏南地区的传统食物,包括茭白、莲藕、水芹、芡实、慈姑、荸荠、莼菜、菱八种水生植物的可食部分,大多在秋天上市。

慈姑田

慈姑是苏州特产"水八仙"之一,又称茨菰、白地栗、燕尾草,泽泻科多年生草本植物。慈姑球茎中富含淀粉,既富营养,风味亦佳,是江南人们喜食的冬、春水生蔬菜。

莲藕

　　甪直是"水八仙"之一莲藕的著名产区。盛夏,一朵朵荷花出淤泥而不染。初秋,白嫩嫩的藕被挖出来出售,于是,人们的餐桌上就多了糖醋藕片、炒藕丝、藕粉圆子、桂花糖藕等美食。

藕丰收

　　甪直湖塘多,莲藕种植面积大,获得丰收的采藕人喜上眉头。

芡实

芡实,是苏州特产"水八仙"之一,又名鸡头米、鸡头实、鸡嘴莲,属睡莲科芡属,一年生水生草本植物。其性能与莲子相似,常与莲子同用,为健脾益肾佳品。

采芡实

芡实在角直的湖塘沼泽水域等处被大量种植。芡实种子的采收期一般在 8—9 月,此时茎叶枯萎,果皮呈红褐色。采收时可坐小船或大木盆进入池塘,先用镰刀割去叶片,露出果实,再将果实割下,然后用小竹篓捞起果实。

文化教育圣地

中国科学技术大学苏州研究院

　　中国科学技术大学苏州研究院坐落在中国—新加坡苏州工业园区风光秀美、景致典雅的独墅湖高等教育区内,占地面积15万平方米,校园环境优雅,教学设备齐全,师资力量雄厚,科研实力突出,是一个集现代科研、人才培养、成果孵化等功能于一体的高等科研教育机构。

科大研究生院外的贝聿铭像

  祖籍苏州的华裔美籍世界著名建筑大师贝聿铭,曾设计了 70 多座划时代的著名建筑,为许多国家留下了一道道风景。1983 年,他荣获了在建筑界有着诺贝尔奖之称的"普利兹克奖",成为 20 世纪最成功的建筑师之一,被誉为"华裔建筑师第一人"。他的主要作品有美国肯尼迪图书馆、法国巴黎卢浮宫透明金字塔、北京香山饭店、香港中银大厦、苏州博物馆新馆等。

苏大独墅湖校区（一）

　　苏州大学是国家"211 工程"重点建设高校和江苏省属重点综合性大学。苏州大学独墅湖校区于 2004 年 3 月正式开工建设，致力于打造研发和应用性学科创新基地，2010 年全部建设完成。

苏大独墅湖校区（二）

　　苏州大学独墅湖校区内的风景雕塑。

苏大独墅湖校区（三）

　　独墅湖校区现有全日制学生 13520 人，其中博士研究生 484 人，硕士研究生 2727 人，本科生 9689 人，留学生 620 人。拥有 6 个博士后流动站、60 个博士点、130 个硕士点、63 个本科专业，3 个国家重点学科、14 个省部级重点学科、3 个省部级重点实验室等。

苏大独墅湖校区（四）

　　苏州大学前身为创建于 1900 年的东吴大学。1952 年全国院系调整时东吴大学与苏南文化教育学院、江南大学数理系合并为苏南师范学院，同年定名为江苏师范学院，在原东吴大学校址办学。杨永清（1891—1956）是东吴大学第四任校长，也是首任华人校长。

苏大独墅湖校区（五）

入驻独墅湖校区的有医学院、药学院、生命科学学院、化学化工学院、文学院、社会学院、艺术学院、教育学院、金螳螂建筑与城市环境学院等苏州大学的主要院系，开展全日制本科、硕士、博士学历教育，以及干细胞研究、有机合成、放射医学与防护等领域的科研和产业化工作。

苏大独墅湖校区（六）

教学楼外是一片开阔的草地，在阳光明媚的日子里，草地、树木和蓝天构成了一幅恬淡的美丽画卷。独墅湖校区空气清新、视野开阔，极富现代气息，充满了活力与朝气。

苏大独墅湖校区（七）

　　炳麟图书馆位于苏州大学独墅湖校区，是由美籍华人实业家唐仲英先生捐助，并以其父亲的名字命名的一座现代化的图书馆，形似"水晶莲花"。图书馆占地 2.42 公顷，总建筑面积 3.2 万平方米，地面 8 层，地下 1 层，可藏书 75 万册，共有阅览座位 2000 余个，中外文报刊 1500 多种，数据库 60 多种。

东吴大学老校址

东吴大学旧址位于十梓街1号，2013年被列为全国重点文物保护单位。东吴大学的前身是清同治十年（1871）美国基督教监理公会设立的存养书院。辛亥革命后改称东吴大学。1952年全国高等学校院系调整，东吴大学改组为江苏师范学院，1982年又改为苏州大学。民国时期的东吴大学以其法学院之优秀而闻名于中国，被誉为"华南第一流的而且是最著名的法学院"。

林乐知先生塑像

林乐知，美国传教士、翻译家和教会教育家，苏州大学的前身——东吴大学创始人。1836年生于佐治亚州伯克县。1858年毕业于埃默里学院。1860年到上海。1863年在清政府办的上海广方言馆任教习。1868年创办并主编《教会新报》《万国公报》，编著有《中东战纪本末》《文学兴国策》。1900年担任东吴大学首任董事长。1907年在上海去世。

苏州大学（一）

　　方塔，原名文星阁。明万历二十五年（1597）建，清代葑门彭氏重修，相传太平军曾将其作为瞭望楼。方塔砖木结构，阁高四层28米，平面正方形，下砌三重青石高台基，上复四角攒尖顶，内架横梁，悬大铁钟，钟上有文星宝阁铭文，故此楼又称钟楼，是苏州独具一格的古建筑，为苏州市文物保护单位。

苏州大学（二）

　　孙堂，为纪念东吴大学第一任校长孙乐文而命名，建于1908—1912年，为当时的科学馆，位于钟楼的西南侧，楼高四层，采用砖木混合结构。孙堂的平面布局与立面构图均基本对称，风格上以英国哥特复兴式为主。外墙厚度往上逐层递减，二层以上皆有突出外墙的壁柱反映室内开间。

苏州大学（三）

　　苏州大学有三大校区：一是天赐庄校区，包括本部（干将东路333号）、东区（东环路50号）、北区（干将东路178号），东吴大学旧址也位于此地；二是独墅湖校区，初建于2004年，位于工业园区仁爱路199号；三是阳澄湖校区，位于相城区济学路8号。图中建筑为本部行政办公大楼。

苏州大学（四）

　　体育馆建筑由两部分构成。前面部分是原东吴大学司马德体育馆，外观修建如旧，内部中段空间添加夹层，形成二层展区。后面部分是在原司马德游泳池基础上进行扩建，由地下一层和地面三层组成，中间游泳池保留，前后两部分建筑总面积达5600余平方米。门楣上的"体育馆"三个字是孔祥熙所题。

苏州大学（五）

钟楼，原名"林堂"，是旧址建筑群中最重要的一座建筑，现为苏大图书馆，建筑面积3150平方米，总高24米，由英国建筑师设计，建于1901—1903年，为纪念林乐知先生（东吴大学主要创办人，美国传教士）而命名。这座用青砖和红砖砌筑的建筑主体高三层，平面呈"Π"形，立面构图采用不完全对称的处理手法。

江苏省苏州中学

江苏省苏州中学，始于1904年创办的苏州府学，数次变更后，1952年7月，改名为江苏省苏州高级中学，简称"苏高中"。第二年即成为教育部确定的全国首批24所重点中学之一，是苏州市市区第一所国家示范级高中。1978年，学校定名为江苏省苏州中学。至2011年7月第4次入选"中国百强中学"。2013年荣获清华大学颁发的"中学毕业生清华成长奖"。

江苏省苏州第一中学（一）

　　江苏省苏州第一中学为省重点中学和省四星级重点中学。共拥有苏州一中本部、苏州一中分校、苏州市新草桥中学三个校区。校本部及新草桥中学占地面积共4.3万余平方米，分校占地面积3.5万余平方米。全校在籍学生5000余人，教职工200余人。

江苏省苏州第一中学（二）

　　江苏省苏州第一中学创办于1907年，初称苏州公立第一中学堂，史称"草桥中学"。1912年，学校改名为吴县县立第一中学校。1913年，又改称为江苏省立第二中学校。1927年改称为江苏省立苏州中学初中部，1952年始称苏州第一中学，2016年更名为江苏省苏州第一中学。

·苏州情·

引　言

　　一千个人心中有一千个哈姆雷特,一千个人心中也有一千个热爱苏州的理由。城市是物质财富与精神文化的集聚地,在我心中,苏州堪称典范。

　　苏州文化博大精深,丰厚的历史文化遗产可以分为两大类:物质的和非物质的。城市和建筑属于物质文化遗产,昆曲、古琴、评弹、吴歌以及江南丝竹等属于非物质文化遗产。此外,还有兼具物质和非物质属性的传统工艺美术品(例如桃花坞木刻年画、苏绣等)。其中,成就最高、影响最大并且最具遗产价值的,当数以园林艺术为代表的建筑文化和以昆曲艺术为代表的戏剧文化。在中国的戏曲舞台上,昆曲是雅得不能再雅的"阳春白雪",而昆曲的发祥地,正是分不清究竟是"城中园"还是"园中城"的苏州。在许多人的眼里,没有园林,苏州便不是苏州。那么,再加上这一句:没有昆曲,苏州也不是苏州。这完全是成立的。昆曲鼎盛时期也是苏州园林艺术成熟并登峰造极的时期,更是苏州文化艺术和商业经济空前繁荣的时期。昆曲与园林,植根于同一片文化土壤。苏州古典园林被列入世界文化遗产名录,昆曲艺术被列为世界首批"人类口头遗产和非物质遗产代表作"。园林和昆曲作为苏州文化的两翼,数百年来它们有力地托起并支撑了苏州作为历史文化名城的不争地位,并且从苏州走向全国,走向海外,成为中华传统文化的响亮品牌。

　　苏州评弹(苏州评话及苏州弹词)是江南文化的一面镜子,是江南人文精神的重要载体。在过去的数百年间,评弹就像家庭成员一样,融入了苏城万千百姓的日常生活。"苏州人是听着评弹长大的",这句话应当是可以成立的。苏州评弹说唱的内容,有金戈铁马的历史演义和叱咤风云的侠义豪杰,有儿女情长的传奇小说和家长里短的民间故事。从古到今、上下几千年,塑造了一大批历史人物和英雄形象,已成为传统道德观、历史观和英雄观的载体。这是一部通俗化的历史,影响着千百年来人民群众的思想感情;还有不少家庭、婚姻和伦理故事,反映了社会风貌、世俗风情,特别是下层人民的生活习惯、思想风采,描写了日常生活中的芸芸众生,堪称世俗生活的百科全书。琵琶三弦、吴侬软语交汇而成的旋律和音符,包罗人间悲喜,穿越历史时空,带给人无尽想象。评弹传统书目因其鸿篇巨制,反映生活的细致深邃,为我们认识过去的生活,了解历史上人们的思想、文化和人文心态,提供了生动的图像。例如,传统长篇书目《描金凤》从一个侧面艺术地再现了晚明的社会变迁。故事发生在明朝万历年间,正值资本主义萌芽时期,《描金凤》对明朝时期的苏州风貌有过详尽的描摹:当时的人穿着什么样的衣服,喜欢什么样的打扮,吃什么东西,当时的老板要怎么做,伙计又要怎么做……苏州城的明时风貌,通过这部长篇弹词生动而真实地出现在我们面前。

在我国工艺美术11个大类中,苏州拥有10个大类3000多个品种,许多项目在全国乃至世界享有盛誉。正如冯骥才所说:"如果我们把全国的工艺美术集合起来找个地方安家,那么苏州是最合适不过了。"宋以后及明、清两代,苏州是百姓富庶、文化精深、艺术璀璨的都会城市,充满着新兴经济与文化形态发展的生气。明末崇祯皇帝的周皇后曾把苏式服装带进皇宫,在那里掀起了穿着打扮的"苏州风";檀香扇等手工艺品在清代乾隆年间就远销法国巴黎等地。可见,今天看来是传统的苏州手工艺术,却是当年的流行艺术,引领着时代风尚。苏州工艺美术集中表现在"精细雅洁",精细是其技艺的反映,雅洁是其艺术的追求。这既是一种物质的表面观感,又是一种精神的人文内涵。物质的表面观感,感染着人们的意识;精神的人文内涵,展示了吴文化的丰富多彩。2014年12月1日,联合国教科文组织宣布批准苏州作为"手工艺与民间艺术之都"主题城市加入"全球创意城市网络"。由此,文化苏州向世界亮出手工艺术与民间艺术的靓丽名片,站上了世界创意产业舞台。

苏州历来是文化输出的原点,这座孕育了昆曲、园林以及诸多历史文化遗产的千年古城有着最好的文化土壤,并且具有足够的文化自觉和文化自信,永远站在保护文化的民族特色、探索民族文化更新发展道路的最前沿。苏州的优势在于深厚的传统积淀和丰富的文化内涵,在经济社会飞速发展的同时,如何珍惜利用并大力弘扬这份得天独厚的历史文化遗产,更好地处理传统文化和现代化建设的关系,促使并最终实现两者在21世纪的完美结合,这是攸关苏州发展前途和百姓根本利益的重大课题,充满智慧的苏州人正用实践作出令世人瞩目的回答。

苏工苏作：
"工匠精神"的宝贵载体

　　当今世人买厨具，首先想到的是德国，买家电产品想到日本，男士买剃须刀想到荷兰，女士买香水想到法国，有没有中国品牌为世人津津乐道的呢？当然有，被称为中国的"工艺之都"的苏州有许多手工艺品与民间艺术品就独步全国，名扬世界。

　　第一个例子，就是"香山帮"建筑。两千多年来，"香山帮"的能工巧匠们以他们的勤劳和智慧创作了一件件巧夺天工、令人叹为观止的作品。苏州园林、北京故宫、天安门等就是其中的杰出代表。明朝是"香山帮"建筑的鼎盛时期，以蒯祥父子为代表的"香山帮"工匠们承担了承天门（天安门）、紫禁城三大殿以及乾清宫和坤宁宫的建设，后来又负责了十三陵之一明裕陵的建设。这些工程中，"香山帮"工匠将他们的智慧发挥到极致，为世人留下了一份宝贵的遗产。此外，苏州园林更是历代"香山帮"匠人呕心沥血、薪火相传的杰作。

　　改革开放以来，有40

多座苏州园林先后落户30个国家及地区,例如瑞士WTO总部的瑞苏园、荷兰的中国花园、美国亨廷顿图书馆的流芳园、波特兰的兰苏园、新加坡的唐城等。

第二个例子,就是苏绣。全世界都知道,中国苏州有一种工艺名叫苏绣。女红之巧,十指春风。苏绣中的仿画绣、写真绣,以其逼真的艺术效果名满天下。随着中国对外文化交流的扩大,苏州刺绣成为联结各国人民友谊的纽带。1956年开始,苏绣艺人顾文霞、徐志慧、周巽先、钱漱渝、柳金燕等先后到英国、瑞士、德国、苏联等国现场表演刺绣艺术。每年到苏州参观刺绣艺人操作和观赏作品的五洲宾客(包括国家政要)有10多万人次。从欣赏的角度来看,苏绣作品的主要艺术特点为:山水分远近,楼阁现深邃,人物能传情,花鸟近亲昵。苏绣被誉为"有生命的静物""东方的艺术明珠"。同时,近百次作为国礼馈赠外国元首,英国女王伊丽莎白二世、朝鲜金日成主席、法国蓬皮杜总统、柬埔寨西哈努克亲王、日本中曾根首相等都曾因得到精湛的苏绣艺术品而欣喜。闻名世界的任嘒閒大师发明的"乱针绣"更是一绝,连美国白宫都保留着她的作品。苏州刺绣研究所的作品先后在100多个国家和地区展出。苏州刺绣厂为维护苏绣的传承制定了苏绣精品标准。

苏州能工巧匠们的作品,往往构思巧妙、玲珑精巧、手法高超、寓意隽永、形神俱佳、地域色彩浓郁。苏绣精细雅洁,核雕、牙雕工细飘逸、巧夺天工,给人以独特的审美享受。因此,人们把这种技艺叫作"苏工苏作",并因此形成了工艺美术品中众多的"苏字"品牌,如苏绣、苏雕、苏扇、苏版、苏锣、苏鼓、苏裱等等。这些品牌特色鲜明、自成一格、质量上乘,其精巧秀慧、典雅自然、韵味悠长,无与伦比。

"苏工苏作"实际上就是"工匠精神"的宝贵载体,苏州正在将传统的"苏工苏作"技艺与时代发展相结合,培育出适应新时期苏州发展的时代工匠,进一步挖掘、重振这份宝贵的"工匠精神",对接起让人憧憬的新时代"苏州制造"!

由悠悠乡情忆起浓浓亲情

怀念我的父亲、母亲

母亲是个善良而乐观的人。在我刚开始记事的时候，母亲的形象就进入了我的脑海。记得小时候，我常穿着一件连衣裙，胸口处绣的图案是一盆水果。母亲会逗我玩耍，用一根玩具长枪假装刺向我裙子上的苹果而引得我到处奔跑，她在后面追我……多年以后，当我向母亲回忆起这一幕情景时，她感到十分惊讶：当时还不到三周岁的我，记忆力竟开发得这么早？不仅如此，当年的我竟然还模糊地想："爸爸出门去哪儿了？"实际上，那时候我父亲已响应国家号召支援边疆去青海工作了，只是我还不知道而已。

随着年龄的增长，我开始渐渐了解了自己的父亲。父亲沈家良先生1921年出生于苏州一个中产阶级家庭，祖父沈惺伯先生自幼父母双亡，与姐姐相依为命，十多岁时便在一家米行当学徒，受尽艰辛。因他能吃苦并且工作出色，后被破格提拔为经理助理。祖父结婚后，祖母大力相助，两人同甘共苦辛勤积累，祖父最终当上了苏州有名的肇源米行经理，成为苏州商界的代表人物之一。然而，多年积劳成疾，祖父患上了严重的结核病。在我父亲13岁那年，祖父医治无效英年早逝。我父亲当时还在上学并考上了那时很稀有的会计专科学校，毕业后就在祖父的肇源米行当会计。那时正值多年战乱，再加上祖父去世后米行的合伙人不善经营使生意衰败，不久米行就关闭了，父亲也因此失业，生活遇到困难。不久之后苏州解放了，父亲响应号召支援边疆，去了大西北，在青海石油公司工作，任财务会计一职，由此解决了全家的生计问题。后来我听父亲的老同事说过，父亲为人忠厚诚实，工作非常认真负责，从未出过差错。但是他的生活自理能力较差，曾出过不少生活上的"洋相"，例如穿着不一样的两只鞋子去上班,衣服扣子上下扣错,等等。但他人缘很好,因为待人真诚,肯吃亏,而且从不占小便宜。

父亲一直在艰苦的环境中坚持着,特别是20世纪50年代的大西北,生活、工作条件十分艰苦,住的是干打垒的泥房子,吃的是杂粮和内地运来的土豆和白菜;天寒地冻,生活用水都是定量供应,只够刷牙洗脸;出门常遇沙尘暴,刮得眼睛都睁不开;勘探开采石油也都是去荒山野岭的野外工作。当时年仅30岁从未出过远门的父亲第一次来到这么艰苦的环境,但他一点都没有退却,为了石油,为了养家,为了力挺儿女们读书成才,他咬牙挺住并坚持了30多年。在父亲的努力奋斗下,我们兄弟姐妹都得到了很好的学习机会,并且学习成绩都很优秀,周边的邻居都十分羡慕我们,父母亲也深感自豪。

改革开放后,父亲退休回到苏州。他不会做家务,只爱看书,特别是古书。他爱好研究古代文学及历史,与人说话总是满腹经纶,典故颇多很有趣味。父亲对子女们总是严格要求,一直教育我们"认真做事,清白做人"。尤其是改革开放后,知识分子大展宏图,我和哥哥、姐姐都成了单位的骨干和栋梁之材。他总是希望我们把事情做得最好,要对得起国家的信任和嘱托。他的谆谆教导至今仍深深铭记在我的脑海中,我将永远按照他老人家的要求去做。

2013年父亲去世后,我们兄弟姐妹们曾沿着父亲当年支援大西北的足迹,去青海冷湖镇石油公司老基地寻访当年公司旧址和职工居住的干打垒泥房旧迹。那艰苦岁月留下的诸多历史痕迹,令人心酸流泪、感慨不已!我们深深地为父亲感到骄傲,他为国家的石油事业、为家庭和儿女成才做出了贡献!

母亲周秋棠女士于1922年出生于苏州一个知识分子家庭。我外祖父是前清秀才,后转入北洋警务学堂,历任南北多地警官。外祖父为人正直,嫉恶如仇,看不惯社会上的不公现象,也不愿随波逐流。后来他脱离警务自办私塾,当起了教书先生,但家中经济十分拮据窘困。外祖母从小是孤儿,非常善良贤惠。他们生有五个孩子,我母亲是其中唯一的女孩。因家中男丁多,加上旧时的重男轻女思想,母亲从小没有机会进学堂,只能跟着我外祖父在私塾念了几年古书,外祖父培养她练就了一手漂亮的小楷字体,母亲后来便经常帮人抄写书信以贴补家用。我母亲虽念书不多,但人极聪明,除了写毛笔字为家里赚点钱外,她还自学服装裁剪,经常去服装店看衣服式样,回来自己用纸练习剪裁成衣。后来还办起了裁剪班,以教人裁剪衣服作为职业。

1941年,奉各自父母之命,我父亲母亲成婚,生有三男三女。母亲终生相夫教子并兼职贴补家用。特别是父亲去大西北工作之后,母亲在家与我奶奶一起,含辛茹苦带大六个孩子,还要去苏州"乐群社"开办服装班并当主导教师。作为家庭主妇,母亲实在是不容易!她老人家经常教育我们兄弟姐妹要好好读书,长大做个有用之人。我们因此成绩都很好,很为她争气。我在小学、中学念书时,每年成绩都是全班第一,是学校公认的"三好学生"。学校每年都把我母亲请去,作为家长代表上台发言,并向家长们传授如何教育孩子的经验。我至今还记得她在学校大礼堂的台上发言的情景,母亲的普通话说得不错,她常会谦虚地说自己也没有太多时间管孩子,只是监督一下,主要是学校老师教得好,对学生好,孩子自己也喜欢读书,所以读得好……诸如此类的话。这些60年前的往事,我至今仍记忆犹新。

母亲很有远见(用现在的话来说,是很有眼光的)。我高中二年级时,最小的妹妹出生了,家里负担更重了,而且忙得不可开交。邻居们都劝我母亲,让我辍学做工照顾家里。母亲坚定地说:"这绝对不行,我家的孩子一个也不能停学,再累我都自己顶着,不能影响他们的学业。老三(指我)最爱读书,明年考大学她肯定能考取,我再辛苦也不能妨碍她的前程。"就这样,母亲一人挑起了重担,让我继续读书,考上重点大学直至研究生,并通过自身努力取得了事业上的成就。毫无疑问,没有大度且有远见的母亲,就没有我的今天。

父亲多年在外地工作,母亲辛勤操持家务并在外兼职,两人含辛茹苦赡养奶奶、抚养我们兄弟姐妹六人。即使生活再艰苦,他们也坚持供子女读大学。在父母的鼓励和支持下,我们兄弟姐妹没有辜负他们的期望:大哥考上清华大学,大姐考上西安交通大学,我考上南京大学。"文革"期间,大学停止招生。但在"文革"后期,两个弟弟分别被推荐成为工农兵大学生,妹妹则为了照顾劳累成疾的母亲而报考了卫生学校。

这就是我的父亲和母亲!六十年前的中国,他们没有机会接受更高层次的学校教育,但他们都有一颗诚挚善良的心。努力工作,节俭地生活,勤勤恳恳,培养孩子。他们为家庭尽心尽力,培养下一代的同时也为新中国培养了人才。多么好的父亲、母亲!当他们看到自己的孩子学业有成、为国家和人民做出贡献时,内心无比高兴和自豪!我作为全国人大代表在北京参加全国"两会"时,曾多次受到党和国家领导人接见并合影,父亲生前一直把这些照片收藏在他房间的书桌上,他常说看到这些珍贵的照片就高兴。

我和我的兄弟姐妹们,永远不会忘记父亲、母亲给予我们的养育之恩,不会忘记他们对我们的期望,更要把他们的精神世世代代传承下去。人们常说:"中国的父母是世界上最优秀的父母,为了培养子女可以牺牲自己的一切。"我同意这种说法,这也正是我们中华民族代代相传的优良传统、能够永远矗立于世界民族之林的根基。

深深地怀念你们,我的父亲、母亲!

三世同堂全家福

我父亲是在中华人民共和国成立初期只身离开苏州参加大西北支边工作的。1957 年,丁酉仲秋,我祖母七十大寿。父亲根据国家有关政策循例休假探亲,回苏州为我祖母祝寿,并携家人到苏州国际照相馆拍摄"全家福"。

老祖母坐在正中,慈祥和蔼,笑容可掬。紧靠她左右的两个女孩是我的表妹(我姑妈的女儿,姑妈因有事未参加拍摄)。前排左一是我,刚上初一,右一是我的大弟弟,读小学四年级。后排正中是我的父亲和母亲。后排右一是我的哥哥,就读苏州高级中学(苏高中)高二,后排左一是我的姐姐,就读江苏师院附中(现苏州第十中学)高一。

六年后,哥哥姐姐和我先后考上大学离开了苏州。哥哥于 1959 年考入清华大学水利工程系。大学毕业后,哥哥响应国家号召,和我嫂子(也是他同班同学)一起到黄河水利委员会工作,为治理黄河、兴修水利、改造农田做出了贡献。后又调到上海国际经济合作开发公司工作,90 年代被派往该公司欧洲办事处当主任,多次被评为海外优秀共产党员。姐姐 1960 年考上西安交通大学无线电工程系,毕业后在北京工作,后调回苏州电阻厂担任高级工程师,现已退休。我于 1963 年考入南京大学生物化学系,毕业适逢"文革"期间,先下乡劳动锻炼,后在工厂实验室工作。粉碎"四人帮"后,迎来了科学的春天,1978 年我有幸考入了浙江大学化学系攻读硕士研究生,毕业后分配到省级重点大学工作。在党组织的培养下,多次出国深造,从一名普通教师成长为一名教授、博士生导师,并担任正厅级校领导、当选为第十届全国人大代表。"文革"中大弟弟正念高中,后随大批知识青年下乡劳动,由于他的努力,被推荐为新乡师范学院英语系工农兵大学生,毕业后在广东省保险公司工作。总之,一家人天各一方,在不同的岗位上为国效劳。每逢佳节倍思亲,我们每次回家探亲,看到这张20世纪50年代三世同堂的全家福,心情总是无比激动。

老祖母于1963年因病去世。因祖父留下的一些遗产问题,1966年"文革"期间家庭受到了冲击。家中稍有价值的物品皆被当做"四旧"一扫而空,连墙上挂的相框都被打碎,照片被丢得遍地都是……1968年12月,当我大学毕业回家探望母亲及兄弟姐妹时,发现家中除了简陋的生活用品外,几乎一无所有了。那张三世同堂的全家福也不知去向了,心中真是十分惆怅。

2005年,我从杭州回苏探亲,适逢姐姐乔迁新居,她在翻箱倒柜整理东西之时,无意中在一本书里发现了这张已发黄的全家福照片。据她回忆,是当年红卫兵破"四旧"后,妈妈收拾散落在地上的照片时,特别将这张全家福交给姐姐保管,她把照片夹在书里保存至今……正可谓"踏破铁鞋无觅处,得来全不费工夫"。我赶紧去照相馆扫描复印了多份,送给照片上的每一位家人(遗憾的是祖母和母亲已离我们而去)。唏嘘感慨的同时,大家也感到十分欣慰。在祖国繁荣昌盛的今天,终于可以朝夕瞻仰祖母和母亲的遗容、追念先德了。

2013年,我父亲去世。老人家在世时是《老照片》的忠实读者,自刊物创刊起每期必读。他曾读过第12期谭君《读这一家子》一文(文中所指某君四世同堂的全家福,1950年5月27日拍摄于苏州国际照相馆。照片中男女老少竟有36人之多,众星拱月一般围绕着79岁寿星老祖母)。父亲读后百感交集,难以言表。

大千世界像海市蜃楼那样变幻莫测,而家庭恰是时代和社会的缩影。50年代,两个普通的家庭先后在苏州国际照相馆拍摄了四世同堂、三世同堂的全家福,虽然时间不同、人数不同、境况不同,然而在历史长河中它们的循环周期恰好"不谋而合"。在漫长的岁月中,这两个家庭50年代的全家福分别流浪息隐了将近半个世纪,直到太平盛世、政通人和的今天才重见天日,无声地诉说着生动鲜活的往事并代代相传。

1957 年仲秋，作者全家三世同堂的全家福

学校的古典式礼堂

苏州市平江实验学校（前身是苏州市平江中心小学，为作者同其兄弟姐妹童年时代的母校）

我的三位恩师

时常怀念我的三位恩师,漫长岁月中,对我影响最深、帮助最大的正是他们。

金仪霞老师

20世纪50年代,我在苏州市平江中心小学读五、六年级时,金老师是班主任。她是苏州人,高高的个子,烫一头华丽的卷发,皮肤白皙,大大的眼睛,长得很漂亮,气质很优雅。她住在离我家不远的巷子里,因她还有一位双胞胎姐姐,故人们亲切地称她为"双妹"。她是学校的模范教师,教我们语文课,口齿伶俐,思维敏捷,性格活泼,大家都很爱听她的课,因而进步很快。我和金老师似乎有天生的缘分。自从她担任班主任后,我们的接触较多。我是班级学习委员,少先队中队长,她经常会向我了解一些班上的情况,我也很认真地向她汇报,但有时会因紧张而结结巴巴,说得不清楚,而她总是微笑着说:"别着急,慢慢说……"每次我汇报过后,她都表扬并鼓励我,使我感到十分温暖,我很快就喜欢上了这位新来的班主任。当时的我学习成绩很好,但胆子较小,另外还有一个弱点,就是受了委屈爱哭。金老师知道后,与我认真谈话,希望我改正这个缺点,做个坚强勇敢的女孩。同时,她还安排了一些机会让我去锻炼自己。有一次,她安排我去为低年级的同学们讲解少先队队章,并亲自把我送到这个班级,还为我做了介绍。当时我还是有些胆怯,向小同学们敬了个队礼后,回头一看金老师已走开,我竟然想不起自己该说些什么了。慌乱中只能拿出队章照本宣读,读的声音也太轻,读完后也没有做太多解释,就赶忙退出教室算是大功告成了。后来才知道自己说话太轻,好多小同学都听不见,只见我嘴巴在动,效果很不好。我怕金老师批评我,在路上见到她,我就跑上去很心虚地说:"金老师,我那天讲得不好……"话未说完,她慈祥地说:"没关系,第一次嘛!以后应该会好的。"这时我的心放下了,也暗暗对自己说,要更加努力去克服自己的缺点,争取进步。就这样,在她的帮助与教导下,我积极争取机会锻炼自己,逐步克服了胆小爱哭的毛病,进步很快。到六年级时,我就成了一名少先队大队干部,并被评为三好学生。

金老师刚来学校任教时还是单身,后来有了对象。她结婚那天,带我们几个学生一起到新家。她的先生姓孙,和她一样文气又有修养。她让我们称他为"孙伯伯",还给我们看结婚照,十分漂亮!我们都为她和孙伯伯感到高兴,那是一个大家都很快乐的夜晚。两年后,我小学毕业,考进了苏州市第一中学初中部,继而又进入高中部,高中毕业后考上了南京大学。一别很多年,都未与金老师联系(都怪我年少不懂事,未主动去看望她)。直至大一暑假,我和母亲去观前街购物遇上金老师,她得知我已考上大学十分高兴,祝我学业有成。我也谢谢金老师对我的帮助与培养,同时也知道她已有一个孩子,工作调动去苏州马医科小学了,家庭生活也很幸福,我和母亲都为她感到高兴!后来经历了多年的"文革",走上工作岗位的我因在外地且诸多繁忙,未曾再见到老师,也未再联系上,但心中一直十分挂念金老师。写到这里,一种不祥之感突然涌上心头。我连忙发信给老同学,请他们设法打听金老师状况。两天后接苏州老同学微信反馈,说金老师已于2013年去世。霎时间,我泪如雨下。再也见不到您了,亲爱的金老师,您永远活在我心中。

钱拙老师

钱拙老师——国学大师钱穆之子,20世纪50年代江苏师范学院(前身为东吴大学)物理系学生,因病休学,后在苏州市第一中学任物理教师,聪颖能干,口才一流,自学成才,人品端正。他能把物理课程教"活",满堂精彩,人人称赞,获得历届学生的好评。他是苏州市一中的优秀教师,也是我最崇敬的师长之一。

在我高二时,钱老师担任我班的物理课教师。记得高一、高二时,因当时正值困难时期,教师、学生都营养不良,体质很差,学校经常上半天课,让大家回去休息,考试也取消了。再加上高一时的物理任课老师本身水平一般,课上得枯燥无味,听着就想睡觉……一年上课的结果是仅记得书上几个标题,知其然而不知其所以然。直至高二钱拙老师来了才给我们带来了希望!第一堂课他阐述的麦克斯韦尔理论就把我们带进了电磁波的世界,带进了知识的海洋。从讲解到习题,从理论到实践,两节课听完大家都惊呆了,以前觉得枯燥的物理课程原来竟如此有趣味,知识的海洋竟如此广阔无边……从此钱拙老师以他丰富的物理知识、智慧的讲课才能、诙谐的口才以及高尚的人格魅力彻底征服了全班同学,大家对他是无比崇拜,一致认为他是我们市一中最好的老师!

钱老师不仅书教得好,而且十分重视培养学生的实践能力和创新思维。他在讲解声学基本原理后,要求同学们回家自己开动脑筋设计线路安装矿石收音机,并在下一节课上师生共同讨论。这份回家作业十分有趣,大家都兴致勃勃地去准备了。我也按照老师上课讲的内容做了很好的准备,设计好了自己的收听线路,在下一节物理课上我恰好被钱老师点名,要求在黑板上画出自己的设计线路图,满心以为他会表扬我的,谁知刚画好,钱老师就说:"你的设计工作做得很努力,但这一线路是收不到声音的!"我一听又惊又羞,涨红了脸问:"为什么呀?"老师说:"你只是想着书上的每一个步骤,却忘了主要一点——天线,你把天线部分丢了,这收音机会响吗?"哦!这下真是恍然大悟。记住了,再不会忘了。老师接着又说,知识要学以致用,光学不实践就会出现这种问题。理论联系实践,在实践中检验理论是你们今后工作的关键与根本。钱拙老师这句话,多少年来我一直记着,在我以后几十年的教学与科研工作中都履行着这一真理:理论一定要与实践结合。从而也使我在科技领域中取得了很多科研成果,多次荣获教育部和省科技进步一等奖、二等奖,这是后话。自从钱拙老师担任我班物理课老师后,班上学风大振,同学们彻底克服了高一时的惰性,奋发学习,取得了很好的成绩,高中毕业后不少同学如愿考上了重点大学,从此开启了自己精彩的人生……我终生感谢钱拙老师对我们谆谆善诱的教导以及他那超前而有效的创新教学方法,使我们不仅获得大量科学文化知识,也懂得了如何去做一个对国家和人民有利的学子。

大学阶段经历了"文革",1968年大学毕业后我去农村劳动锻炼,又在工厂当技术员,改革开放的春风使我有了新的人生机遇。1978年,我考上浙江大学物理化学专业研究生,以后我一直在高等教育战线任教授、学科带头人兼行政领导,现已退休。母校苏州市第一中学95周年校庆时,来信邀请我到苏州参加校庆活动,当我问及钱拙老师近况时,校办主任告知钱老师已过世了。原来"文革"期间,他父亲钱穆在台湾,钱老师亦受到不公待遇,后全家下放到农村。他身体本来就不太好,受此变故则病况愈下。"文革"后期情况稍有好转,他曾要求去台湾他姐姐那儿治病,但因当时两岸民间交往尚未开放故未去成。钱拙老师病体未能康复,没能熬过这一关。听到这一消息,我深感痛惜。钱拙老师,您的学生们都在想念您啊!

如今的苏州市第一中学发展迅猛,前景美好,为国家培养出了大批栋梁之材(其中包括中国科学院、中国工程院院士32名)。母校是闻名全省的重点中学,其中也有我们敬爱的钱拙老师生前为之做出的出色贡献和功劳!

金松寿先生

金松寿先生是浙江大学原化学系主任、教授,中国化学动力学的权威专家,浙江义乌人。1978年全国开始招收研究生,金先生名下可招5名。当年的我还在江苏省泗阳县化肥厂任中心化验室主任(大学毕业后在农村劳动锻炼三年,接着筹建县化肥厂,任技术员、化验室负责人)。粉碎"四人帮"后的1978年,中国人民迎来了科学的春天。当报纸上刊登了科学院各研究所、全国高校重新招收研究生的特大新闻时,我的心情无比激动,马上响应号召,报考了金松寿先生的研究生。此后的一个月时间,我几乎天天晚上看书到半夜,抓紧复习各门考试课程。功夫不负有心人,最终我顺利通过了全国笔试统考。半年后,又接到通知去浙江大学参加面试。金松寿先生担任考官,亲自挂帅选拔考生。先生当年尚未到60岁,人极精神但十分严肃。他除了提问很多专业课程知识以外,对我在化肥厂的工作也很有兴趣,并做了多方面的了解,提了不少问题,我也认真地一一回答。见他似乎还很满意,我心中如放下一块石头似的。最后,他对我的学习、工作及走向做了一个肯定的评价。我回去不到一个星期,就收到了录取通知书,真是太高兴了!我终于有了一个更好的深造机会,终于实现了自己多年梦寐以求的理想!

金先生治学严谨、一丝不苟,讲课深入浅出。三年求学期间,先生不仅将渊博的学识毫无保留地传授给了我和其他几位师兄弟,而且经常教我们如何更好地做人。当下所谓的"先做人后做事",在20世纪80年代,金先生早就这么说并也是这么做的。他老人家经常利用空余时间召集我们几个弟子交流思想。我们这些学生年龄差别很大且当时都已成家,他就把自己年轻时的经历讲述给我们听,以激励大家。先生大学毕业后即在浙大任教,家里三个孩子,当时师母身体不好,全家生活全靠他一人。他常一手抱孩子一面看书,夜深人静时他还在翻译外文版《化学动力学》,他是把化学动力学引入国内的第一人,为中国化学化工工业的发展做出了重大贡献。在浙大,他也是催化化学的权威,除了催化理论之外,他还创立了"集团结构适应理论"。用化合物分子结构的耦合与彼此适应机理来解释各种特殊的化学反应本质,这一创新见解已被美国化学动力学专家鲍林教授称为"催化科学中的跨世界新理论"。先生更希望我们做一个大写的人,他常说的一句话是"看一个人是否善良,只要看他对弱者的态度"。他要求我们能同情弱者,平等待人,宽容大度,不可势利。

在金松寿先生身上,我看到了中国老一代知识分子认真做事、清白做人、勤奋学习、刻苦钻研的光辉形象;更看到了他们品格端正、善良宽厚的美德,他们永远是我学习的榜样!研究生毕业后我一直在教育战线任职,党和人民委重任于我,学术、行政双肩挑,还兼着全国人大代表一职。"从家到学校,从学校到图书馆,从图书馆到家",这三点式是学校师生们的生活模式,也是我这一生的主要生活方式,至今除了大学毕业后("文革"期间)去农村劳动锻炼外及在当地工厂工作的十年时间,其余都是在学校学习、工作及生活。在这期间,我一直记着金先生的教导,努力工作、宽容待人、严于律己、积极奉献,从而得到了大家很好的评价,工作也有很好的业绩,我深深感谢先生的教诲并将永记在心,代代传承!五年前,金松寿先生 95 岁高龄仙逝,仙翁虽逝,其声音笑貌人间长存,其品格精神流芳百世!敬爱的金松寿教授永远活在我们的心中。

上述三位恩师如今都已作古,他们是我人生历程中求学阶段所遇到的三位"贵人",我之所以能有今天,首先是党和国家的培养,同时与这三位恩师的栽培教导与严格要求也是绝对分不开的。特作此文,献给曾经伴我读书成长并呕心沥血教育培养我的金仪霞老师、钱拙老师、金松寿先生,以此深表我无限的敬意和永怀师恩的诚挚之心!

纪念献身教育的姑父

　　我的姑父徐国桢先生 1917 年 3 月出生于江苏省吴江县松陵镇。1935—1940 年就读于金陵大学农艺系，毕业后任贵州省贵阳高级农业职业学校农业科主任。1942—1944 年又在金陵大学农科所读研究生，获硕士学位后历任苏州市吴江县平沙农场副场长、江苏省苏州高级农业职业学校教师兼农艺科主任、江苏省农校教导主任等职。

　　姑父为人善良谦和，工作积极努力，在学校工作的 40 多年中表现出了极强的事业心和责任心。除了担任苏州农校教导主任外，他还在《中等农业教育》《农业职业教育》编辑部担任期刊主编。他有作物栽培和遗传育种的专业特长，主编了全国中等农校教材《作物栽培学》、江苏省中学教材《农业基础知识》、华东地区中等农校教材《作物遗传选种和良种繁育学》等。他多年从事茶叶发酵科研工作，发表大量学术论文，科研成果被收入全国高等农业院校统编教材，在全国农业中专校长培训班上作典型经验介绍，为发展农业教育、提高教育质量做出了很大贡献。1982 年 8 月，姑父被授予副教授职称，当选为江苏省第四届政协委员，苏州市第八届人民代表大会代表，入选江苏省当代教育人名录。

　　姑父是 20 世纪 50 年代的高级知识分子，但他生活上仍艰苦朴素、勤俭节约，工作上更是两袖清风、廉洁自律、教书育人、一身正气。学高为师、身正为范，40 多年来，他一直被苏州农校引以为豪，是全国农业职教的楷模。退休后，他还被教育部聘请为教材编审专家，他一直关心着农校的改革建设和发展，积极建言献策，充分发挥余热，是一名经得起考验的优秀共产党员。

　　我在中学期间，常会去姑父家中找表弟、表妹一起玩乐，姑父对自己的子女要求很严，对我们这些亲戚的孩子也很关心。我在高中毕业后考上了南京大学,姑父高兴地对我说:"我们成了校友啦!"(因为金陵大学是南京大学的前身)我一直很尊敬姑父并把他当作自己学习的榜样。

世上少见百岁人,山中难有千年树。姑父他做到了,他活过了一百岁,他是苏州农校历史上最长寿的老寿星之一,是苏农的骄傲,也是农业教育行业的骄傲!

2019 年春节,103 岁的姑父因病在苏州逝世,他虽离我们而去,但他那种对党忠诚、忘我工作的奉献精神,那种艰苦朴素、勤俭节约的优良作风,那种公道正派、忠厚诚真的高尚品德,永远值得后人学习和记取,并不时地激励着我们像他一样去做一个高尚的人、一个有利于国家和人民的人。

个性飞扬,英才辈出的百年名校
——记我的母校江苏省苏州市第一中学

　　苏州市第一中学是我的母校,位于古城苏州主要道路干将路草桥侧,在干将路拓宽之前,我家就住在濂溪坊,离学校很近,走几个街巷就到了。学校就好像另一个家,我在这里听课、益智、成长,从一个羞涩幼稚的女孩,渐渐长大、成熟、勇敢、聪明……成为一个有志的青春女孩。我永远不会忘记母校对我的培育之恩。

　　几十年过去了,学校的规模不断扩大,一座座教学楼拔地而起,一片片花坛因地而建。学校的面貌今非昔比,一些老的教室也找不到了,但是有一株古藤却依然在老地方巍然屹立,这好像母体的血脉,永远滋润着代代学子的生命,它就是苏州一中的千年紫藤,每次回母校,我必前去瞻仰她。走进朴素的学校大门,沿着长长的林荫道走向纵深,在校园的东北角,有一座外表不怎么起眼的古建筑院落,被誉为"吴中第一藤"的千年紫藤就在院落中生长着。古藤虽然饱经风霜,但她依然健壮。根部,斑驳如枯,树冠,枝繁叶茂,郁郁葱葱;暮春时节,紫藤吐艳之时,但见一串串硕大的花穗垂挂枝头,紫中带蓝,灿若云霞。灰褐色的枝蔓如龙蛇般蜿蜒。从紫藤院飘出的馥郁香气,弥漫在整座古建筑的上空,一直飘向大半个校园。最近,一位大学同学来看望我时说,他的母校是同样具有百年校史的江苏省重点中学,今年也有一位校友入选院士。但是该校建校以来也只培养出几位院士,而苏州一中至今居然已走出去32位院士。太厉害了!

　　我的高中时代(1960—1963)是在苏州一中度过的,回忆往事,思绪万千。我经常想起当年教我的各科老师。物理老师钱拙把课本教活了,原来感到头痛的物理课马上变得一通百通,爱不释手。化学老师桑增祥教书一板一眼,知识面很广。数学老师刘敬铭是我们高二时的班主任,他从部队文化教员转业回来,是同学们的大朋友。语文老师胡儒保朴实厚道。英语老师刘德馨是基督教徒,但他教书十分精辟风趣,我们都喜欢英语,很多同学都为自己的英语至今还能用上而深深地感激他。还有和蔼可亲的许乃辛老校长,他对我们无微不至的关怀和教导,至今仍历历在目。就在高考前,白发苍苍的老校长还亲自到班上根据每个学生的不同情况指导我们填写报考大学的志愿表……我也常回忆起当时的生活,虽然是国家困难时期,物质生活贫乏,但是同学们的精神都很健康,努力学习,积极向上,响应党的号召,学雷锋、助人为乐,充满正能量。学校还经常组织学生去农村劳动锻炼,去郊区横山祭扫烈士墓,得到了人生的初步磨炼,受到了爱国主义的教育。

高中三年的生活是我青少年时代最快乐的日子。1963 年 9 月我考上了南京大学,离开了母校,此后的一切如同大浪淘沙,接受了社会和生活的严峻考验,大学毕业后去农村工厂劳动锻炼十年……改革开放的春风给我们这批学子带来了新的机遇,给了我研究生学习和出国深造的机会,才有了今天的我。在第十届全国人民代表大会召开期间,包括我在内的部分浙江省代表团中的全国人大代表曾多次受到时任浙江省委书记习近平的亲切接见,他鼓励我和其他几位女代表要做自尊自强的优秀女性,为党和国家、人民多做贡献。此话成为我终生的座右铭!

在我离开母校的几十年中,学校不断发展壮大。2003 年夏,有着近百年历史的省重点中学苏州市第一中学和有着 50 年办学历史的市重点中学苏州市第二高中实现合并办学。两校合并后,苏州市第一中学形成了拥有四个校区、五所学校,精品化、国际化、多元化的优质教育集团。学校被省教育厅确认基本达到国家级示范性普通高中标准,被教育部列入全国"百所名校"行列。

名家掌校、名师执教、名人辈出是学校办学史最为显著的特点,造就了"敬业乐群,敦品励学"的校风;践行了"厚德、爱生、博学、善教"的教风;形成了"勤学、善思、求真、创新"的学风。

学校打造课程改革和校园文化两大特色,坚持以叶圣陶"教育为人生"的思想涵养学校教育品性,办学特色鲜明。2013 年 11 月,省叶圣陶教育思想研究所和省级"吴文化课程基地"先后建立;2015 年 9 月,"圣陶书院"项目启动,学校以课程丰富内涵,以基地拓展课堂,进一步激发了师生的创造潜能,提升了学校的文化品位。丰富多彩的学生社团活动成为校园内一道亮丽的风景线,学校辩论队、草桥文学社、各类运动队在各级比赛中都取得了骄人的成绩。

2002年、2007年我接到母校邀请,作为嘉宾参加母校95周年、100周年校庆活动。在这两次盛大的庆祝活动中,我看到了母校多年来的飞跃发展和人才培养所取得的巨大成绩,深深地为之高兴和自豪,母校的校史展览馆里也陈列了不少优秀校友的介绍,其中也有我的照片和相关材料,真是深感荣幸!我常告诫自己,要牢记党和人民的委托及母校对我的信任,绝不辜负期望,做一个自尊、自强、自爱的现代女性,为国家、为人民贡献自己的毕生!

苏州市第一中学有着先天优越的历史条件和文化环境,如今又成为全国性的叶圣陶教育思想实践园地、研究基地和宣传基地,以学习实践叶圣陶教育思想为核心的办学特色日益彰显,办学品牌影响广泛,被列入"百所名校"当之无愧。我为母校的辉煌深感骄傲,作为母校培养出来的一名学生,亦是改革开放时代教育战线的一名排头兵,在此我衷心祝愿母校越办越好,兴旺发达,愿她如千年古藤傲然挺拔于教育阵地,为中华民族的腾飞培养出更多英才,名扬天下!

桃花坞木刻年画（一）

桃花坞木刻年画在民间画坛被称为"姑苏版"，是江南地区的民间木版年画，因曾集中在苏州城内桃花坞一带生产而得名。它和河南朱仙镇、天津杨柳青、山东潍坊杨家埠、四川锦竹的木版年画，并称为中国五大民间木版年画。2006年5月20日，该遗产经国务院批准列入第一批国家级非物质文化遗产名录。

桃花坞木刻年画（二）

该年画《一团和气》是苏州桃花坞木刻年画的代表作，其中是一位颔首微笑的妇人，身体蜷成一团，或笑容可掬或神色恬淡或高深神秘地望着前方。"一团和气"本意指的是态度和蔼可亲，交往之中讲求和气。该词来源于宋朝朱熹的《伊洛渊源录》卷三所引《上蔡语录》"明道（程颢）终日坐，如泥塑人，然接人，浑是一团和气。"

桃花坞木刻年画（三）

　　桃花坞木刻年画源于宋代的雕版印刷工艺，由绣像图演变而来，清代雍正、乾隆年间为鼎盛时期，每年出产年画百万张以上。桃花坞年画的印刷兼用着色和彩套版，构图对称、丰满，色彩绚丽，常以紫红色为主色调表现欢乐气氛，基本全用套色制作，刻工精细，色彩和造型秀雅，充分体现了江南地区民间艺术的风格。

桃花坞木刻年画（四）

桃花坞木刻年画主要表现吉祥喜庆、民俗生活、戏文故事、花鸟蔬果和驱鬼避邪等中国民间传统审美内容。题材主要有祈福迎祥、驱凶避邪、时事风俗、戏曲故事等类。品种大致可分为美女画、装饰图案画、门画、农事画、儿童画、历史故事画、神州传说画、山水风景画、风土人情画和政治宣传画等。

伍（子胥）氏宗亲祭祖

　　苏州胥王园从 2007 年开始，于每年端午节期间举办端午祭祀伍子胥民俗文化节。邀请海内外伍氏公所、宗亲会及各地伍氏宗亲参加。伍子胥是伍氏的祖先，是伍氏精神的象征，也是世界人民特别是吴越老百姓膜拜的人物。端午节纪念伍子胥已申报为世界非物质文化遗产。

伍子胥像

伍子胥是吴国的一代贤相,协助吴王阖闾治理吴国 30 多年,政绩卓著。建筑苏州城就是伍子胥的一大功劳。当年他主持构筑的由周长47 里的大城和周长 10 里的内城组成的姑苏古城至今格局未变。伍子胥开掘和疏通的"胥溪"和"胥浦",既避免了吴中地区的水患,又便利了当地的漕运和灌溉。

元宵灯会（一）

　　2015 年 2 月 14 日—3 月 8 日，以"祈福纳祥　迎春贺岁"为主题的斜塘老街新春灯会如期举办。灯会是在中国元宵赏灯习俗的基础上发展起来的一种传统民俗活动，斜塘老街新春灯会将中国文化传统与苏州古韵今风融合得恰到好处，各式各样的彩灯灯组更是将新春的节日气氛彰显得淋漓尽致。

元宵灯会（二）

　　苏州元宵灯会现已演变成集苏州民俗文化、节庆文化、旅游文化于一体、全面展示吴地悠久历史的大型民俗文化活动。灯会上开展的民俗项目很受欢迎，有糖画、草编、魔术、九连环、剪纸、漫画肖像、中国结、香包、捏面人、花鸟字、风车、兔子灯等。上图中，艺人正为小朋友制作糖画。

元宵灯会（三）

老街灯会为游客准备了丰富多彩的灯组，景观内河中的十二生肖主题剪纸花灯、老街上一排福禄寿喜主题吊灯以及传统门神灯柱都给予游客们不一样的视觉体验，将传统的彩灯灯组与粉墙黛瓦的苏式园林建筑相融合，让人在赏灯祈福的同时感受古韵斜塘的魅力。

端午龙舟（一）

　　端午节与春节、清明节、中秋节并称为中国民间的四大传统节日。自古以来，端午节便有划龙舟及食粽等节日活动。自 2008 年起，端午节被列为国家法定节假日。2015 年 6 月 20 日（农历五月初五端午节），有三个组别的 54 支参赛队伍在金鸡湖上演了一场精彩绝伦的龙舟比赛。

端午龙舟（二）

　　2015 年金鸡湖端午龙舟赛在群众体育推广和节庆活动的基础上，着力突出了传统节日的丰富文化内涵，增加了非遗文化传承、文体汇演、创意集市、摄影大赛、线上互动等丰富多彩的衍生项目。各式龙舟、帆船队、热气球和动力伞为观众带来了不同以往的视觉冲击。

端午龙舟（三）

　　赛龙舟是中国的传统体育赛事，而金鸡湖则是现代文化发展的体现，这现代与传统的契合，为苏州工业园区的文化发展贡献了全新的力量。端午赛龙舟成为全市人民难忘的节日盛宴！

过年前的观前街

苏州观前街,位于苏州古城的正中间,因地处中国著名的道观玄妙观之前而得名,已有1700多年历史。观前地区集中了许多吴文化的精髓,昆剧传统表演场所沁兰厅、苏州评弹发祥地光裕会所、千年道观玄妙观、历史悠久的开明大戏院等等,已经成为苏州古城旅游文化的一张王牌。

过年前的玄妙观

  玄妙观,位于苏州古城观前街,相传原是春秋时期吴王阖闾的宫殿。西汉年间,建成神明通天之台,为苏州人观察天象祭祖之圣地。玄妙观创建于西晋咸宁二年(276),最初名为"真庆道院",元成宗元贞元年(1295)改名为"玄妙观"。玄妙观前有一条观前街,热闹繁华,是游客品尝苏州特色小吃和购买物品的必到之地。

甪直农妇(一)

  甪直水乡妇女服饰传承数千年,并于2006年入选首批国家级非物质文化遗产名录。为发掘、抢救、保护这一文化遗产,吴中区甪直镇制定了《国家级非物质文化遗产项目——苏州甪直水乡妇女服饰保护规划》,探索"活态保护"新模式,并计划到2022年培养出百位水乡妇女服饰缝制传承人。

用直农妇（二）

苏州甪直水乡妇女服饰保持着千百年来流传下来的风姿神韵。其双色相间的"包头"，独特别致的大襟纽襻"拼接衫"，飘逸洒脱的"绣裥襕裙"，五彩斑斓的"襕腰头"，瑰丽多彩的"百纳绣花鞋"，古朴简洁的"肚兜"，简便实用的"卷膀"，具有浓郁的地方特色和独特的审美品质。

庙会（一）

庙会，对很多成年人来说就是童年里最美好的回忆，对很多离开故乡的人来说就是故乡最真切的象征之一。庙会是以信仰为核心的综合的文化现象，在古时寄托了人们的精神信仰，满足了人们敬神求神娱神酬神的世俗需要，是人们自娱自乐的舞台，是加强人际交流和商贸活动的平台，是很多民间艺术的载体。

庙会（二）

　　历史上苏州的庙会极其丰富，每个月都有，每个地方都有，而且活动丰富多彩。非常有特色的庙会主要有：（1）每年的清明节、七月半、十月朝，以城隍庙为中心的三节会；（2）每年农历八月十八前后举行的上方山庙会；（3）农历四月十四日的轧神仙庙会；（4）每年农历四月初八以张家港金村的永昌寺为中心举办的金村庙会。

庙会（三）

　　虎丘庙会以"弘扬中华民俗文化，展现传统庙会特色"为宗旨，自1994年推出以来，已成为深受海内外游客欢迎的知名旅游品牌。2006年9月23日—11月5日举办，历时44天。2015年9月28日至10月20日举办，2016年9月24日至10月16日举办，历时都是23天。

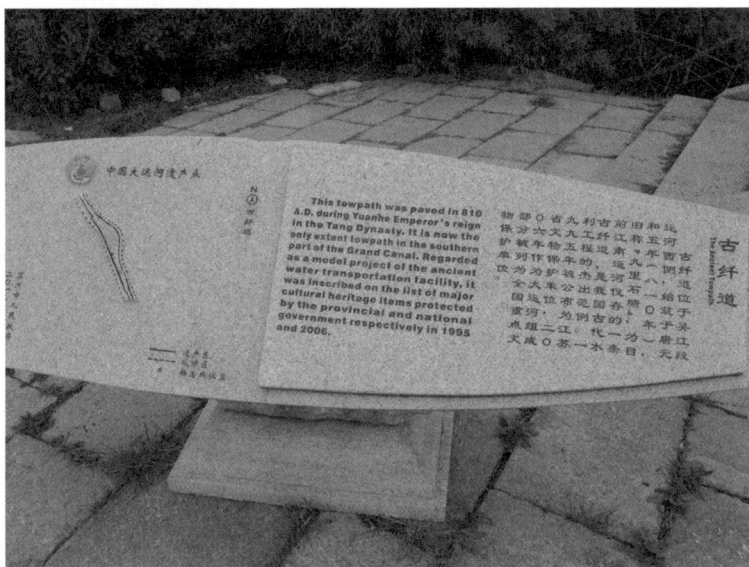

运河纤道

古纤道位于吴江段运河西侧,始筑于唐元和五年(810),旧称"九里石塘",为目前江南运河仅存的一条古纤道,是我国古代水利工程的杰出范例。1995 年古纤道被列为江苏省文物保护单位,2006 年作为大运河组成部分被列为全国重点文物保护单位。

轧神仙（一）

1998 年，经苏州市人民政府批准，将神仙庙移建至南浩街中段。一年一度的"轧神仙"庙会也随之移至南浩街。"南浩十八景"吸引了众多中外游客，是苏州旅游的新热点。2014 年 11 月，"苏州轧神仙庙会"被列入第四批国家级非物质文化遗产代表性项目名录。

轧神仙（二）

农历四月十四日是八神仙核心人物吕纯阳的生日。吕纯阳姓吕名岩，字洞宾，号吕祖。唐贞元十四年（798）四月十四日生，举进士不第，据传，遇"正阳真人"钟离子而得道。他不仅浪迹人间，乐为百姓治病解难，灭妖除害，而且为人随和，性格幽默，是世人心目中见义勇为的神仙形象。

轧神仙（三）

　　"轧神仙"一词为苏州方言，"轧"为人多拥挤的意思，该词最早起源于吕纯阳的生日，据说吕纯阳生日那天要化身乞丐、小贩，混在人群之中济世度人，因而逢此盛日每个人都可能是他的化身，轧到他身边，就会得到仙气，交上好运，这样你挤我挤的，叫作"轧神仙"。

轧神仙（四）

　　在北宋淳熙、绍熙年间（1174—1194），民间就有到福济观为吕仙庆寿、为家人祈福的习俗，后来逐渐发展成了苏州特有的"轧神仙"民俗庙会，轧神仙民俗庙会以神仙庙为中心，参与群众遍及苏州并辐射到无锡、上海、杭嘉湖等地，被称为"苏州人的狂欢节"。

东山农家灶

　　图中展示了东山两种大锅台土灶台农家灶,一是圆形大锅台两锅型炉灶,二是方形大锅台单蒸锅型炉灶。东山农家灶使用方便,操作简单,火力旺,省柴,投资小。现在很多农家还在使用。

仿古铜香炉

　　焚香习俗在我国有着悠久的历史。香炉的用途很广,在礼仪环境中可用于熏衣;书斋里使用便于诵阅,有益于理解及记忆;此外,也可作为陵墓、寺庙及居家烧香、拜佛、祭祖神之用。年代久远、雕工精美的铜香炉的收藏价值和历史价值不容忽视,即便一些后仿炉和私款炉也已成为珍罕的历史文物。

橄榄核雕（一）

明代作家魏学洢《核舟记》记载："明有奇巧人曰王叔远，能以径寸之木，为宫室、器皿、人物……"这段描写记述的是明代王叔远能把小小橄榄核雕刻得栩栩如生。王叔远为苏州人，《核舟记》证明了苏州核雕在明代就达到相当高的水准。近来，苏州核雕受追捧，一枚雕工精美、富有创意的橄榄核雕标价甚至达数万元。

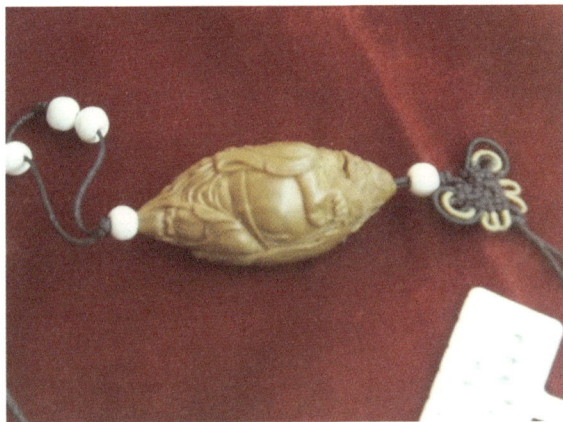

橄榄核雕（二）

"中国核雕之乡"舟山村在西太湖之滨、穹窿山东麓。《香山小志》记载："山梓人，巧者居十之五六。又有雕工，专将竹根、竹节、黄杨、紫檀，以及象牙、牛角、桃核、橄榄核，刻山水人物、花卉鸟兽等玩品，精巧有致，雅俗称赏。"小村庄因核雕而声名远扬。

沉香大宫扇

　　苏州工艺美术博物馆
镇馆之宝。

大型翡翠雕

　　姑苏工艺美术瑰宝,价
值连城。

列宁在拉兹里夫河畔

　　刺绣是中华民族优秀的传统艺术。19世纪末，沈寿创造了"仿真绣"；20世纪30年代杨守玉发明了"乱针绣"；50年代初，任嘒閒独创了"虚实乱针绣""双面异色异样绣"。三位大师是近代中国刺绣的优秀代表。

　　任嘒閒代表作有《列宁在拉兹里夫河畔》，1952年曾被选为毛泽东主席出访时的礼品。

列宁接见农民代表

绣稿选自苏联画家谢罗夫的油画名作。任嘒閒大师采用乱针绣法，重点抓住"形、色、质"三个要点进行设计。绣品生动地表现了列宁倾听农民汇报的神态，特别是将他专注的眼光和亲切的笑容展现得神妙独到。中苏友好协会将这幅作品作为礼品赠送给苏联，以纪念"十月革命"。

列宁胸像

这是任嘒閒大师1958年创造"虚实乱针绣"的第一幅作品,她运用乱针绣的线条,素描的笔触,摄影的光影,国画的水墨韵味,运针流畅,光影自然,神形兼备,栩栩如生。1958年参加江苏省展览会被评为优秀作品一等奖,同时被中国轻工部定为肖像绣的质量标准,1999年参加中国工艺美术大师精品展,获金奖。

齐白石

　　《齐白石像》是任嘒閒大师晚年的代表作之一。绣稿是一幅油画。她按照绣稿形、色、光的要求,形象地表现了老年齐白石苍老的面容,微张的双唇。肖像神情专注,气质超人,特别是历经风尘而没有被掩盖的那双睿智的眼睛与那胸前微微飘拂的银须,使作品中的老人形象神与形得以高度统一。

凝视

　　虚实乱针绣是任嘒閒大师创新的绣种。小猫的眼睛是作品的精华所在,她运用蓝、白、黑、赭、绿、黄等多种色线精绣,线条细,交叉角度小,在高光处仅用几根极短的白线交叉绣出,突出了小猫凝视的神态,神妙独到。《凝视》体现了绣者运针的个性与高度的艺术素养。

彩荷

　　绣稿系中央工艺美院袁运甫教授创作的水墨彩荷图。任嘒閒大师运用乱针绣法精心绣制，绣面上红色的荷花色彩秀丽，金黄色的花蕊中几支嫩绿色莲蓬似乎在发出淡淡的幽香，片片荷叶重重叠叠层次分明，根根细草生长在荷叶丛中错落有致，特别是新露荷尖的粉色苞蕾，更添生气。这幅作品是任先生八十高龄时的杰作。

姑苏春色

　　《姑苏春色》为卢福英的苏绣作品。卢福英女士,江苏省工艺美术大师、江苏省工艺美术名人、镇湖刺绣协会副会长、苏州高新区卢福英苏绣艺术展示馆总经理。全国"双学双比"先进女能手,江苏省"三八"红旗手标兵、刺绣女状元、省"劳动模范",非物质文化遗产项目(苏绣)代表性传承人。

蓮花冠子道人衫日侍君王宴

紫微花榭不知人已去年閒倚

與牵绁

蜀後主每於宮中裏小巾命宮妓

衣道衣冠連花冠日尋花柳以

侍酣宴蜀之謠已溢乎耳目矣而主

不親注之竟至濫觴伴佳檀淫

顕之全不知抵拒書唐寅□□□

孟蜀宫妓图

中国"四大名绣"之一的苏绣,是以苏州为中心包括江苏地区刺绣品的总称。苏绣起源于三国时吴国,与丝绸生产和丝绸文化的发展以及绘画、书法和戏曲服饰艺术的发展分不开。绘画、书法为苏绣提供了各种画稿。《孟蜀宫妓图》就是明代画家唐寅(1470—1523)的画稿。

宋元六景（观山）

　　《宋元六景（观山）》画中，刺绣艺人以精细的技巧表现了山峦流云、溪水淙淙、树木屋宇，室内几位气度儒雅的古人，对坐相叙观看山景。用灰绿线绣树叶、山坡、苔点，表现了仇英山水画的风格。

　　仇英，太仓人，寓居苏州。后人将他与沈周、文徵明、唐寅并称为"明四家"。

昆曲博物馆

　　中国昆曲博物馆坐落于昆曲的发祥地江苏省苏州市古城区平江路中张家巷全晋会馆内。中国昆曲博物馆以抢救、保护、传承、弘扬古老的昆曲艺术为宗旨，以展演、陈列、收藏、研究、传承为主要工作内容，每星期有昆曲专场演出。

昆曲

　　昆曲，原名"昆山腔"，简称"昆腔"，是中国古老的戏曲声腔、剧种，现又被称为"昆剧"。昆曲是汉族传统戏曲中最古老的剧种之一，发源于 14 世纪中国的苏州，自明代中叶起独领中国剧坛近 300 年。昆曲糅合了唱念做打、舞蹈及武术等，以曲词典雅、行腔婉转、表演细腻著称，被誉为"百戏之祖"。昆曲在 2001 年被联合国教科文组织列为"人类口述和非物质遗产"代表作。

评弹博物馆

　　苏州评弹博物馆位于江苏省苏州市平江路中张家巷，建筑面积839平方米。馆内藏有各类评弹珍贵历史资料1.2万余件，各种评弹孤本、脚本几百部。值得一提的是，老一辈无产阶级革命家陈云的夫人于若木女士捐赠了陈云生前珍藏的评弹音像资料560多盘，为评弹博物馆的建立打下了良好的基础。

评弹

　　评弹又称苏州评弹、说书或南词，是苏州评话和弹词的总称。这是一门古老、优美的传统说唱艺术，均以说表细腻见长，吴侬软语娓娓动听；评话通常一人登台开讲。弹词一般两人说唱，上手持三弦，下手抱琵琶，自弹自唱。

·苏州味·

引　言

　　苏州，是一种软糯香甜的味道。在眼睛里，在舌尖上，在记忆中。

　　贾平凹曾说过，人的胃是有记忆功能的。一个人在年少时喜欢吃的美食，会在味觉里留下深深的烙印。记忆中的美味，很容易唤醒人们最温暖的情愫，勾起舌尖上的乡愁。大饼油条绞力棒，老虎脚爪蟹壳黄，生煎馒头糍饭糕，锅贴麻团小笼包，酒酿圆子焐熟藕……但凡上了一定年纪、土生土长的苏州人，对这些童年时期的小吃必定记忆犹新，这是每个苏州人刻在基因里的味觉记忆。当你离开苏州，日子久了，你的基因会告诉你，那日思夜想的软糯香甜，才是萦绕心头的家的味道。

　　一座城市的魅力，必定跟美食有关。苏州以美食著称，苏式菜肴、糕点面点无不讲究时令时鲜、选料做工、色香味形、花色品种。说到底，苏州美食无外乎两大特征：时令、精致。

　　苏州人饮食喜新、嗜鲜，讲究"不时不食"。传统饮食素来因时制宜，即使是家常便饭也很讲究春尝头鲜、夏吃清淡、秋品风味、冬讲滋补。许多美食只是在某个季节或一段时间内出现，各有各的时间表，过期不候很任性。因此，如果指名道姓要来苏州找某种好吃的，务必要挑对时候。否则，再等一年。

　　"不时不食"，虽是孔子的教诲，但真正领会贯彻并且落实到行动上的却是苏州人。1700多年前的一个秋天，在离家三千里外的洛阳，当西晋大司马的苏州吴江人张翰，"因见秋风起，乃思吴中菰菜莼羹、鲈鱼脍"，曰："人生贵适志，何能羁宦数千里以要名爵乎？"遂命驾而归。为了吃到季节性食物而辞职还乡，真可谓是"不爱天下，独爱美食"。以思念季节性的食材作为唯一理由而辞职获批，古往今来并不只张翰一人，少说也有两个。第二个，也是苏州人。作家陆文夫说过一事："我有一位朋友千方百计从北京调回来，我问他为什么，他说是为了回苏州来吃苏州的青菜。"这位朋友不是因莼鲈之思而归故里，竟然是为了吃青菜而回来的。虽然不是唯一的原因,但也可见苏州人对新鲜食物是嗜之若命的。

鱼米之盛,于天地之间,合为一"苏"字。所谓"鱼米之乡",不单单是指盛产鱼和米,而是"以鱼为米"。特别爱那繁体的"蘇"字,天下的城市,就数这个"蘇"字,最有丰饶的气质。这种气质,是城市的风物,也是江南的基因。或者说,这种气质就是一个地方的天光水影,在一方水土中浸润得太深太久。对于苏州物产的丰富程度,《吴门竹枝词》写道:"山中鲜果海中鳞,落索瓜茄次第陈。佳品尽为吴地有,一年四季买时新。"明代王鏊的《姑苏志》中也曾记载,当时苏州人吃的大部分新鲜食材,已达到"率五日而更一品"的水准。由此看来,苏州人的"不时不食",实在是被苏州四时充美的天时地利给娇纵出来的。

在苏州,你能感受到一种美好的生活态度:"于日用必需的东西以外,必须还有一点无用的游戏与享乐,生活才觉得有意思。我们看夕阳,看秋河,看花,听雨,闻香,喝不求解渴的酒,吃不求饱的点心,都是生活上必要的——虽然是无用的装点,而且是愈精炼愈好。"苏州菜的精致,与传统民风有关。历史上,苏州民俗一向"多奢少俭"。苏州菜的"奢"并非指原料的珍贵,而是指菜品的精致,那些应时而出的平常之物,一经苏州厨子之手,立马改头换面,出落得沉鱼落雁,闭月羞花。正如沈三白在《浮生六记》中夸赞芸娘的那样:"善不费之庖,瓜蔬鱼虾,一经芸手,便有意外味。"

乾隆六次南巡,在苏州停留的时间最长,除了流连于江南美景和精美工艺,更是因为对苏州菜十分钟情。为此,朝廷把不少苏州厨子带回京城,张东官就是个典型的例子。张东官原是苏州织造普福家里的一名厨役,尤擅官府菜。皇帝把他带进宫,就是为了吃到他做的苏州菜。张东官成了御厨,一干就是 19 年。乾隆对张东官所做苏州菜的痴迷,几乎到了难以理喻的程度。电影《满汉全席》讲的就是张东官给乾隆做菜的故事,戏里曾出现过一道菜叫"豆芽塞肉":在纤细的绿豆芽里藏进更细的鸡丝或南腿丝,这几乎是一个需要用到绣花针的工作。此物也曾见于晚清文献《清稗类钞》:"镂豆芽菜使空,以鸡丝、火腿丝塞之,嘉庆时最盛行。"

所谓"莼鲈之思",可能是古代官员颇为巧妙隐蔽的政治策略,但最初作为一种礼仪的"不时不食",以及那种无与伦比的精致细腻,已经被世世代代的苏州人内化为一种共同的生活美学。苏州人的"吃",已经不再是单纯的饮食文化,而是更高层次、别具一格的审美情趣。如果说食物是人,季节是景,就像苏州园林一样,舌尖上的"苏州味道"何尝不也是移步换景、人在景中呢?

舌尖上的苏州

　　中国有"苏、鲁、粤、川"四大菜系，口味各不相同，人称"东酸、西辣、南甜、北咸"，苏菜属于"南甜"风味。苏菜的特点是选料严谨，做工精细，因材施艺，四季有别，在烹饪上擅长炖、焖、蒸、烧、炒，并重视调汤，保持原汁风味。口味清淡趋甜，配色和谐。

　　苏州是鱼米之乡，土地肥沃，湖荡众多，气候适宜，物产丰饶，以水稻、小麦、油菜、棉花为主要农作物，尤其是水稻，质地优良，种类繁多，有香粳米、鸭血糯等名品。渔业发达，有各类淡水鱼和多种虾蟹，最为著名的有太湖银鱼、吴江鲈鱼、常熟鲥鱼、阳澄湖大闸蟹。还有大众喜爱的"长江三鲜"——鲥鱼、刀鱼、河豚；更有日常待客的"太湖三白"——银鱼、白鱼、白虾。水生植物也极为丰富，有"水八仙"——莲藕、茭白、慈姑、菱角、芡实、莼菜、水芹、荸荠，为食品加工提供了丰富的原料。"鱼鲜虾蟹""粳糯稻米"便是苏式食品的主调，烹调和制作技艺历经代代名厨因袭与发明，至今已达到炉火纯青的境地。

　　苏式食品是我国传统食品帮式中重要的一支，在我国食品发展史和世界饮食文化史上占有重要地位。苏式食品与苏州丝绸、园林、工艺并列为苏州四大文化支柱。

　　苏式食品历史悠久，早在约公元前4500—前4000年就已形成。从本地出土的文物如炭化谷粒，加工粮食的陶杵，数量众多的动植物残骨、残骸，以及与饮食有关的食器遗物鉴定情况来看，食品初加工已在当时人们的经济生活中起着重要作用。

　　苏式食品品种繁多，经过几千年的发展，至今已有6个帮式，即苏式菜肴、苏式卤菜、苏式面点、苏式糕点、苏式糖果、苏式蜜饯等；6种特色即苏州小吃、苏州糕团、苏州炒货、苏州名菜、苏州特色酱菜、苏州特色调味品等。

　　苏式食品讲究时令时鲜，讲究选料做工，讲究花色品种，讲究色香味形,可谓老少咸宜,赢得五湖四海朋友的赞美。

苏州美,美在青山绿水,亦美在饮食文化。著名的苏式招牌菜有松鼠桂鱼、清汤鱼翅、响油鳝糊、西瓜鸡、母油整鸡、太湖莼菜汤、翡翠虾仁、荷花集锦炖等。苏州小吃亦闻名天下,卤汁豆腐干、松子糖、玫瑰瓜子、虾子酱油、枣泥麻饼、猪油年糕等,都是脍炙人口的美食。

"得月楼"和"松鹤楼"是老字号的苏式餐馆;"老苏州茶酒楼"以传统苏帮菜闻名;"朱鸿兴面馆"和"绿扬馄饨"等物美价廉,比较适合大众消费。

苏州的主要美食街有太监弄、十全街、学士街、凤凰街、葑门横街、山塘街和石路金门商市美食街等。

在苏州,吃是一件很精致的事情,容不得半点马虎。经过几千年的发展,口味虽然偏甜,但苏州的菜自成一体,卤菜、面点、糕点、蜜饯、小吃、糖果个个名声在外。哪怕只是一碗面,也会做出十几种不同的浇头,让你吃得欲罢不能。

在苏州,吃从来都是一种文化与记忆。老苏州的一天都是从吃面开始的。陆文夫笔下的朱自冶:"眼睛一睁,他的头脑里便跳出一个念头:快到朱鸿兴去吃头汤面。"花样繁多的浇头和筋道十足的面条组合,除了苏州,还有哪个地方能吃到这样的面?

苏州人有多爱吃面?据说,一天有500吨的面被消耗!苏州的面食有时候不仅是填饱肚子、满足味蕾,更多的是承载着苏州人的情怀。对于苏州人来说,吃面是一件很重要的事情,已经成为日常生活中的一种习惯。

喜欢一个城市自然离不开它的美食。一个城市只有满足了你的胃,才能将你留下。从这个意义来说,苏州从来没有亏欠过它的子民,也以此作为对远道而来朋友的最好招待。

金庸与苏州美食

　　金庸是个美食家,对品赏美食有着足够的热情并且精于美食之道,他与苏州美食有着密切的关联。

　　金庸的老家在浙江海宁,离苏州很近,年轻时又在东吴大学(苏州大学前身)读过书(1947年,他辞去《东南日报》工作,在东吴大学法学院国际法专业学习),他的祖母又是苏州人,金庸对苏州当然了解,因而吴侬软语、姑苏美食常见于他的作品。金庸小说里直接写到苏州和苏州美食的是《天龙八部》。段誉初到江南时,就是在姑苏燕子坞听到了好听的苏州话,吃到了可口的苏州菜。尽管对于苏州人来说,阿朱、阿碧调制的不过是几味家常小食而已。

　　金庸笔下,"吃货"众多。第一"吃货"非洪七公莫属。洪七公"吃货"吃成了精,晚年成功跻身一流美食家兼烹饪家行列。黄蓉贿赂洪七公的菜谱以江浙菜系为主,讲求清淡鲜美,用料以各类河鲜和各种菇、笋、肉、蔬及豆制品为主。"玉笛谁家听落梅""好逑汤""二十四桥明月夜",这几道菜之所以给读者留下很深的印象,一方面是其制作工艺的精细与材料取舍让人咋舌,另一方面是菜名非常艺术化。想来,金大侠平素一定是有很多饭局的,遍尝天下美食,综合各家所长,独创新招,看客垂涎纸上……

　　金庸笔下,第一会做菜的女主角是黄蓉。《射雕英雄传》第六回中,黄姑娘初试身手:用峨眉钢刺剖了公鸡肚子,将内脏洗剥干净,却不拔毛,用水和了一团泥裹在鸡外,生火烤了起来。烤得一会,泥中透出甜香,待湿泥干透,剥去干泥,鸡毛随泥而落,鸡肉白嫩,浓香扑鼻。熟悉苏州美食的"老饕"一看便知:叫化鸡,苏州名菜。

　　凡是讲到吃的地方,金庸都毫不马虎,什么场合吃什么、怎么吃,从塞北荒原到烟雨江南,江湖世界中活色生香、多姿多彩的美食,滋养着每一位大侠的身体与心灵,穿越千年时光呈现在读者面前,令人叹为观止。就连常以骂人著称的孔庆东也一反常态:"金庸写烹饪、写菜肴的本事,已然超过了《红楼梦》。《红楼梦》里是没有这种境界的,它只不过写那些菜做得如何豪奢,如何难得……但是,没有写出这样精彩的文化境界。"

人在江湖,出入客栈饭馆打尖住店是常有的事。除了江湖饮食,金庸小说中还时常涉及饭馆、酒楼。松鹤楼便是其中之一。

松鹤楼,200多岁,年纪很大,名气蛮响。提起松鹤楼,苏州人脑子里会马上蹦出来四个字:乾隆始创。也就是说,早在乾隆皇帝的时候,松鹤楼就有了。确切地说,松鹤楼开业那年,是乾隆二十二年(1757)。作为故事场景,松鹤楼出现在金庸的武侠小说中:

"段誉信步而行,突然间闻到一股香气,乃是焦糖、酱油混着熟肉的气味。他大半天没吃东西了,划了这几个时辰的船,早已甚是饥饿,当下循着香气寻去,转了一个弯,只见老大一座酒楼当街而立,金字招牌上写着"松鹤楼"三个大字。招牌年深月久,被烟熏成一团漆黑,三个金字却闪烁发光,阵阵酒香肉气从酒楼中喷出来,厨子刀勺声和跑堂吆喝声响成一片……"《天龙八部》中提到,乔峰、段誉相识在一家酒楼,斗酒结义,这家酒楼的名字就叫"松鹤楼"。"松鹤楼"是段誉和乔峰相识结拜的地方,大理段家在过去与丐帮可能没有太多的联系,但从两人结交的那一刻开始,一南一北,一帝一丐,出自两个极端,仿佛平行线的两个人,两个派系,终于连成一线。

可能是松鹤楼名声在外,金庸早有耳闻,在《天龙八部》里,松鹤楼多次被提到。但那个时候的金庸,从未去过松鹤楼。直到2007年,84岁的金庸第一次踏进苏州松鹤楼。在品赏苏帮菜肴的同时,他才知道自己当年在写《天龙八部》的时候犯了一个"常识错误":错将苏州松鹤楼安到了无锡。来了苏州,金庸方知,松鹤楼在苏州不在无锡。

松鹤楼建于清代乾隆年间,《天龙八部》的时代背景则是北宋年间,且那段故事中的松鹤楼地处无锡。小说作品当中,采用"移花接木"手法也是常有的事,把后世出现的事物名称安在前朝,并不为过。例如,《天龙八部》中段誉在苏州燕子坞还喝到了600年后才出现的碧螺春。燕子坞是虚构的地名,不消多言。碧螺春,原名"吓煞人香",自古就是茶中珍品,传说已有1300多年的采制历史。清康熙三十八年(1699),康熙南巡到太湖,巡抚以此茶进呈,康熙皇帝觉得这个名字太俗,才把

"吓煞人香"改成"碧螺春"。段誉喝的应该是"吓煞人香",当时绝不会有"碧螺春"这个称谓的。阿朱、阿碧为段誉泡了碧螺春,书中随后对该茶得名一事做了交代。《射雕英雄传》中,陆冠英聚太湖群盗一节,提到金头鳌为莫厘峰寨主。莫厘峰,太湖洞庭东山主峰,也就是碧螺春茶叶的原产地。由此可见金庸的博学与严谨以及在小说创作中的一丝不苟。而电视剧《水浒传》中,王婆称其茶为碧螺春,则是编导的大失误了。

但是,如果有人说松鹤楼在无锡,苏州人肯定"不买账"(苏州方言,意为不服气),是要向对方提出强烈抗议的:松鹤楼土生土长在苏州,这些年虽然在外地开了不少分店,但也都集中在北京、上海和南京三个地方,跟隔壁乡邻无锡浑身不搭界。幸好,这是金庸无意中弄错的,况且又是出现在《天龙八部》这部精彩作品中。于是,向来"好说闲话"(苏州方言,意为不计较)的苏州人也就不去当真了。

金庸此行松鹤楼给在场的苏州人留下了深刻印象。老人家盛赞素包子的美味,等不及再叫一份,便将邻座的那份也一并吃了,实乃真性情也。

(顾斌供稿)

菜肴

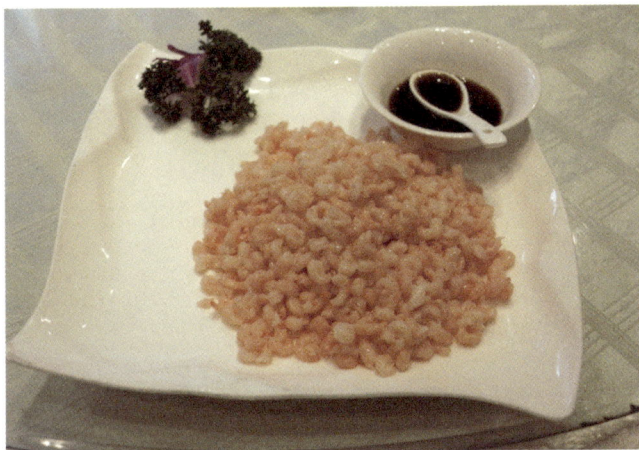

手剥河虾仁

  手剥河虾仁是淮扬名菜，以虾肉柔嫩爽滑而闻名。因选用新鲜小河虾，并一粒一粒地剥去外壳，精心制作，所以称作手剥河虾仁。 一份手剥河虾仁要用400粒左右的虾仁，十分费工费时。苏州花间堂、新世纪大酒店、松鹤楼、得月楼、新聚丰等名店的虾仁都是当天采购的河虾，现剥剔肠，鲜味十足。

银鱼莼菜羹

  银鱼莼菜羹这道菜采用的都是太湖里的食材，莼菜爽口，银鱼鲜美，多为酒席上的一道汤羹。

腌笃鲜

此菜口味咸鲜,汤白汁浓,肉质酥肥,笋清香脆嫩,鲜味浓厚。这是一道春笋和鲜、咸五花肉片一起煮的汤。

咕咾肉

选用完全肥的猪肉裹上面粉下锅炸,再放入特制的酱汁,有的厨师喜欢用菠萝作为辅助。此菜酸甜可口,特别吊胃口。

红烧肉

红烧肉有上百年的历史,有上百种烧法,硬的,软的,不软不硬的;甜的,咸的,淡的,甚至连辣的都有。苏式红烧肉"浓油赤酱",肥而不腻,酥而不碎,甜而不粘,浓而不咸,好吃,好看,滋补,还不会发胖。

松鼠桂鱼

松鼠桂鱼是江苏苏州地区的特色传统名菜,江南各地一直将其列为宴席上的上品佳肴,在海内外久享盛誉。这道菜有色有香,有味有形,更让人感兴趣的还有声。当炸好的犹如"松鼠"的桂鱼上桌时,随即浇上热气腾腾的卤汁,它便吱吱地"叫"起来,活像一只真松鼠。

昂刺鱼豆腐汤

　　昂刺鱼（又叫昂鱼、嘎鱼），别看鱼小小的，但是特别的鲜嫩，配上豆腐做汤，极富营养。

响油鳝糊

　　响油鳝糊因鳝糊上桌后盘中油还在噼啪作响而得名。此菜的特点是鳝肉鲜美、香味浓郁、开胃健身。鳝鱼的肉质鲜美，去掉了刺，特别嫩。

荷叶粉蒸肉

此菜是用新鲜的荷叶将炒熟的米粉和经调味的猪肉裹包起来蒸制而成的,其味清香,鲜肥软糯而不腻,夏天食用很合胃口。

白汁鼋菜

鼋菜就是我们俗称的甲鱼,是一道清炖大菜,汤清味美,营养丰富,强骨补身,是夏秋季节的时令佳肴。

67 苏州味

藏书羊肉

苏州藏书羊肉始创于明代，世代相传的独特烹调秘方，使其以"不腥不腻，汤色乳白，肉酥而不烂，香气扑鼻，口感鲜美，常食不厌"而闻名江南。为冬季进补的一道菜。

太湖三白

白鱼、白虾、银鱼色泽均呈白色，因而称为"太湖三白"。"太湖三白"作为苏州太湖船菜招牌菜肴，都是选取新鲜的食材，肉质十分鲜。

蜜汁火方

　　取好火腿连皮切大方块,用蜜酒煨至烂最佳,较清甜,符合苏州人口味,酒席上点菜率极高。

莼菜汤

　　莼菜汤又称鸡火莼菜汤,选用太湖莼菜,菜与鸡丝、火腿同烹,莼菜翠绿,鸡白,火腿红,碧翠鲜醇,滑嫩清香,汤纯味美,是苏州地区特色传统风味名菜。

樱桃肉

　　樱桃肉是一道苏州传统名菜,属于苏菜系。此菜始创于江苏,清乾隆年间传入宫中,特点色泽樱红,光亮悦目,酥烂肥美。其颜色红亮,形态圆小,皮软味甜咸,富油脂,是上佳的下酒菜和下饭菜。其肉面要切得如樱桃般大小,排列整齐,色泽也应像樱桃般鲜艳透红、亮丽诱人。

顶级酒家松鹤楼

　　松鹤楼,清乾隆二十二年(1757)由徐氏在苏州玄妙观创建,经营面点,也卖饭菜,迄今已有 200 多年的历史。由于古人以松鹤寓长寿,故取名松鹤楼,松鹤楼是苏州地区历史最为悠久、饮誉海内外的正宗苏帮菜馆,也是商务部首批认定的老字号餐饮品牌。

点心

苏式糕点

　　苏式糕点以江苏省苏州地区为代表,馅料多用果仁、猪板油丁,用桂花、玫瑰调香,口味重甜。代表品种有苏式月饼和猪油年糕等。苏式糕点在中国汉族糕点发展史上占有重要的地位,是中国汉族糕点主要帮式之一。

年糕

年糕与"年高"谐音,寓意着人们的工作和生活一年比一年高。江南地区居民盛行用稻米磨成米粉制作汤圆、年糕等多种食品。一般苏州乡下过年时才做年糕,用七成糯米、三成粳米磨成粉拌匀,再上蒸笼蒸熟后揉成团,切成片即成。它既能食用,又有吉祥之意。

苏州神仙糕

苏州神仙糕是源自当地农历四月十四日"轧神仙"节日的糕点,不同颜色的糕点一般有不同的味道,例如红色为玫瑰味,黄色为薄荷味。神仙糕是苏州上市时间最短的糕点,节日前开始售卖,一般持续出售时间为一周左右。

王氏林记大饼

苏州人吃大饼奇怪吗?事实上大饼是苏州一种很常见的早点了,有甜咸两种口味,很有嚼劲,价格也很实惠,早餐摊头上有的卖。最有名的莫过于双塔和三元的王氏林记大饼店了。

小笼包

味美汤鲜的小笼包,皮薄肉厚,咬一口还有汤汁,用这个搭配小馄饨,一个早上神清气爽!

苏式汤面

苏州人的一碗汤面,早已超出了一顿简单的早饭的范畴,且早已深深融入了"苏式生活"之中。苏式汤面最考究的是面汤,汤要清而不油,味要鲜而食后口不干。各家大小面店都将汤料的配方视作传家之宝,秘不外传。苏式汤面还要配上一些自己喜欢的浇头。

卤汁豆腐干

苏州的一道特产,常见的包装是津津豆腐干,现在也有很多人直接把它拿到餐桌上来,成为一道美食。苏州的特产店以及超市都可买到。

腊八粥

据说腊八粥就是起源于苏州西园寺的布袋和尚。腊八粥是一种在腊八节用多种食材熬制的粥,也叫作七宝五味粥。吃腊八粥,用以庆祝丰收,一直流传至今。里边的配料也是很足。

鸡爪

　　不知道什么时候起,鸡爪已经成为苏州的代表小吃了。鸡爪在美食家的菜谱上不叫鸡爪,而称凤爪,在南方,凤爪可是一道上档次的名菜,其烹饪方法也较复杂。现在的卤店、古镇都可买到,甜滋滋的,特别香。

粽子糖

　　采芝斋百年老店里的糖果种类繁多,想吃什么去里面转一圈吧,总有你爱的。

青团

　　青团应该是苏州糕点中较为不甜的,爽口不粘牙,还有淡淡的清香。一般以红豆馅居多,像朱鸿兴的青团里还有猪油。

蟹壳黄

　　蟹壳黄因其形圆色黄似蟹壳而得名,应节适令,因时更变。

袜底酥

　　袜底酥香酥软糯脆,简直是把苏州美食的精髓都体现了,口味也有很多种,冷热都好吃,一般在古镇有卖,同里颇多。

麦芽塌饼

　　麦芽塌饼是苏州同里古镇上一种传统的苏式茶点，它是心灵手巧的乡村主妇都会做的一种乡土点心。晨起时，同里人喜欢用麦芽塌饼做早点，在田里忙得腹中空空时，麦芽塌饼又成了人们点饥的好干粮，而摆起场面吃"阿婆茶"时，自然也少不了这种应时美味的麦芽塌饼。要想吃到正宗的麦芽塌饼就要来同里了。

麻团

　　麻团是用糯米粉加白糖、猪油和水揉制成形，再放入锅油炸而成的。因其呈圆团形，表面又沾裹有芝麻，故名。麻团虽然只是一种极为普通的小吃，制作起来也并不复杂，但是很受人欢迎。麻团的特点：焦脆，油甜，麻仁香浓。麻团要趁热吃，因为难以消化，不可吃得太多。一般早点摊上都有卖。

鲜肉月饼

　　现做现卖的鲜肉月饼，朴实的酥皮里包着新鲜猪肉，咬一口便有温热的汤汁溢出。鲜肉月饼也是一道时令点心。每临近中秋，市面上基本上都有卖，现在一般买"长发""胥城大厦"品牌食品店月饼的人居多。

海棠糕

海棠糕可是点心中的老一辈了,恐怕很多年轻人都没吃过。一道历史悠久的花色点心,香甜可口,热食尤佳。一般在古镇的景点里有卖。

酒酿饼

酒酿饼是春天时令的苏州美食,面是用清酒酿来发的,豆沙馅带一丝丝猪油。观前街上采芝斋、黄天源等老字号都有卖。

方糕

大方糕是苏州按季节上市的点心之一,它是春秋两季的点心,夏天和冬天都会下市。很多游客认为苏州的糕点都是甜的,大方糕就有咸的馅,如果要品尝,建议买桂香村一咸一甜两种味道的方糕,不管有多少种馅心,真味尽在其中了。

枣泥拉糕

枣泥拉糕是冬季的一道糕点,甜、香、糯,不粘牙齿。苏州的老店里有卖。有时也出现在酒席上。

猪油糕

猪油糕用猪油制成,洁白晶莹,葱香翠绿,糯软润湿,入口油而不腻。

八珍糕

八珍糕破壁原粉是经过细胞破壁处理的。它的特别之处在于它是一种中药食疗方。

撑腰糕

撑腰糕是二月二的一种风俗菜。将年糕切成短条,下油锅煎至嫩黄,撒上桂花,清香而不粘牙。

水八仙

水八仙的故乡

吴中区甪直镇江湾村是著名的"水八仙之乡",水生作物丰富,其中,鸡头米(芡实)、慈姑、荸荠、莲藕、水芹、茭白、红菱和太湖莼菜,并称为水八仙。"春季荸荠夏时藕,秋末慈姑冬芹菜,三到十月茭白鲜,水生四季有蔬菜",就是苏州水八仙的真实写照。

慈姑

　　慈姑,是苏州特产"水八仙"之一。苏州娄葑一带种植慈姑历史悠久,原分布在群力、葑红、葑塘、团结、金库、二一四、金湖等村,斜塘、车坊水网地区也有种植。娄葑种植的慈姑主打品种为"苏州黄",特色是衣黄、果大、肉白、质地香糯,属于江苏省著名高产优质慈姑品种。

鸡头米

　　鸡头米的果实有一层厚厚的盔甲，背面满是尖锐的刺，采摘人和剥米人要带着铁指甲等专用工具小心操作。七八个鸡斧头才出一斤鸡头米，而一斤鸡头米，光剥就要一个小时，比较辛苦，一般每天3点开剥，一直要剥到晚上六七点，一天下来，也就能剥十几斤，这就是售价贵的原因。

鸡头米田

　　苏州鸡头米是一类睡莲科被子植物。一年生大型水生草本。中文学名芡实米（俗称鸡头米），浮水叶革质，椭圆肾形至圆形，直径10—130厘米，花长约5厘米，浆果球形，直径3—5厘米，种子球形，直径10余毫米，黑色。花期7—8月，果期8—9月。

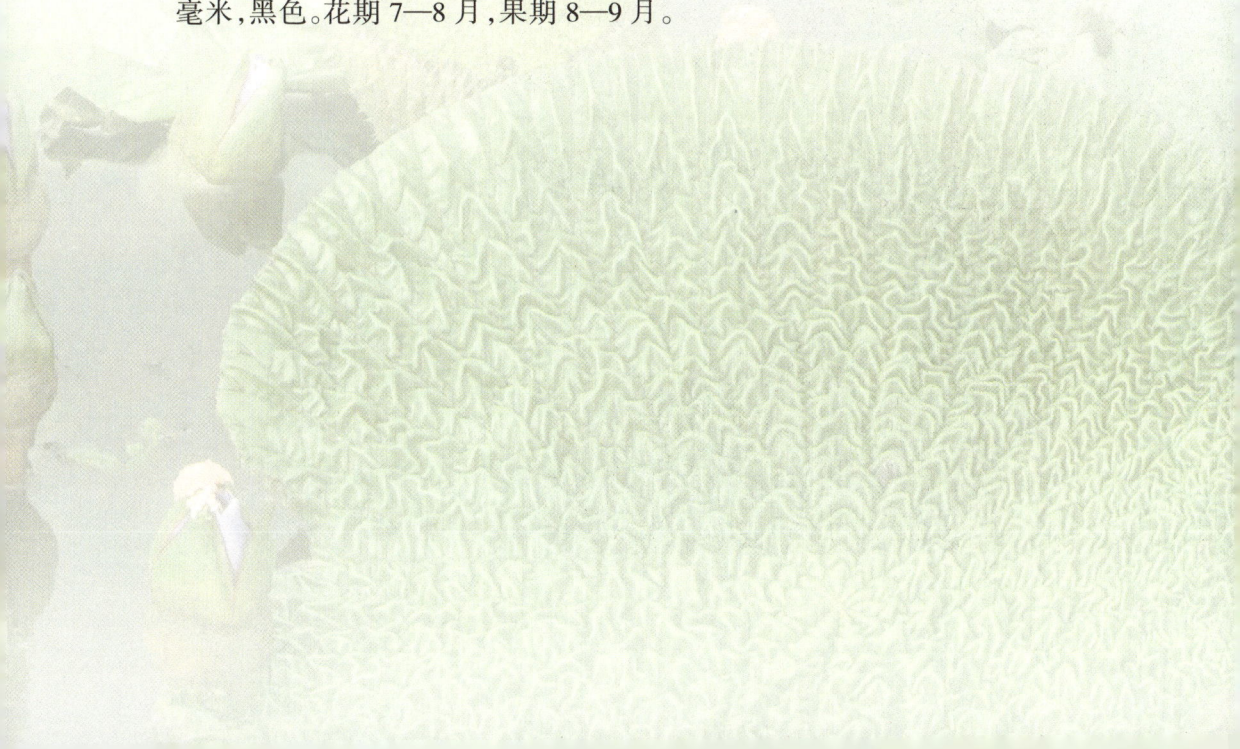

荸荠

荸荠，水八仙之一，因其果实藏身于水底的烂泥之中，既可以吃，又可以繁育后代，因此它和慈姑、莲藕被苏州人合称为"烂田三宝"。苏州向来是优质荸荠的产地，城东车坊一带更是荸荠的盛产地。古时，车坊荸荠销至京城，在北京民间有一说法，"天津鸭儿梨不敌苏州大荸荠"。

卖荸荠

荸荠又名马蹄、水栗、乌芋、菩荠等，属单子叶莎草科，为多年生宿根性草本植物。有细长的匍匐根状茎，在匍匐根状茎的顶端生块茎，俗称荸荠。荸荠皮色紫黑，肉质洁白，味甜多汁，清脆可口，既可作为水果，又可算作蔬菜，是大众喜爱的时令之品。

挖荸荠

收获季节，像水葱一样的荸荠茎叶已经枯黄，成片地倒伏在田塘里，而这表明藏于泥土中的果实已经充分成熟。采收荸荠需经过"割、扳、坐、开、摸、集"几个步骤，农户们一般能一气呵成。

洗荸荠

聪明的船家将带有泥沙的荸荠装在透水的网袋里，网袋两头绑在竹竿的两端，三脚架的吊绳在竹竿中间吊起形成杠杆，夫妻二人在船与踏板上轮流压抬竹竿，将袋里的荸荠上下滚动、相互摩擦、反复搓动，荸荠上的泥沙就在水里被彻底冲洗干净。

茭白

茭白又名菰、茭瓜、茭笋，系水生植物，禾木科。食用部分是其肉质茎，又称茭肉。茭白洁白柔嫩，肉质糯软，甘美可口，风味甚佳，入口清而有韵，无腻滞浊之感。因此，苏州茭白被世人誉为"水生珍蔬"。茭肉洁白柔软少纤维，可配以荤素食材炒煮成佳肴。

莲藕

苏州城东南部是莲藕的著名产区。每到盛夏，莲藕的地下茎上萌出一朵朵荷花，香飘十里，出淤泥而不染。初秋时节，白嫩嫩的藕被挖出来，可作水果生食，或加工成藕粉，也可炒、煮、蒸、煨等，做成菜肴。莲藕种子称莲子。

水芹

水芹是苏州"水八仙"中的当家产品。清香脆嫩,茎叶柔软均可食用,生拌、炒食皆可,水芹中最好吃的是那段长15厘米左右、又白又嫩的茎,俗称"白头","白头"越长,水芹的品质越好。

红菱

红菱,亦称水红菱,为一年生浮叶水生草本植物,3月种,9月收。红菱壳软薄而水分多,肉质细嫩,味道甘美,宜生吃。主要产于苏州东郊,常常与藕间作。红菱鲜嫩时味甘美,可作水果生食;老菱带壳煮熟,性糯清香微甜,号称"水栗";菱的药用和食疗价值都很高。

· 花 絮 ·

丁亥年遒清畫於
浙江江南大世子

作者个人书画作品

悬崖青松

石·竹

月月红

盘山公路

紫藤

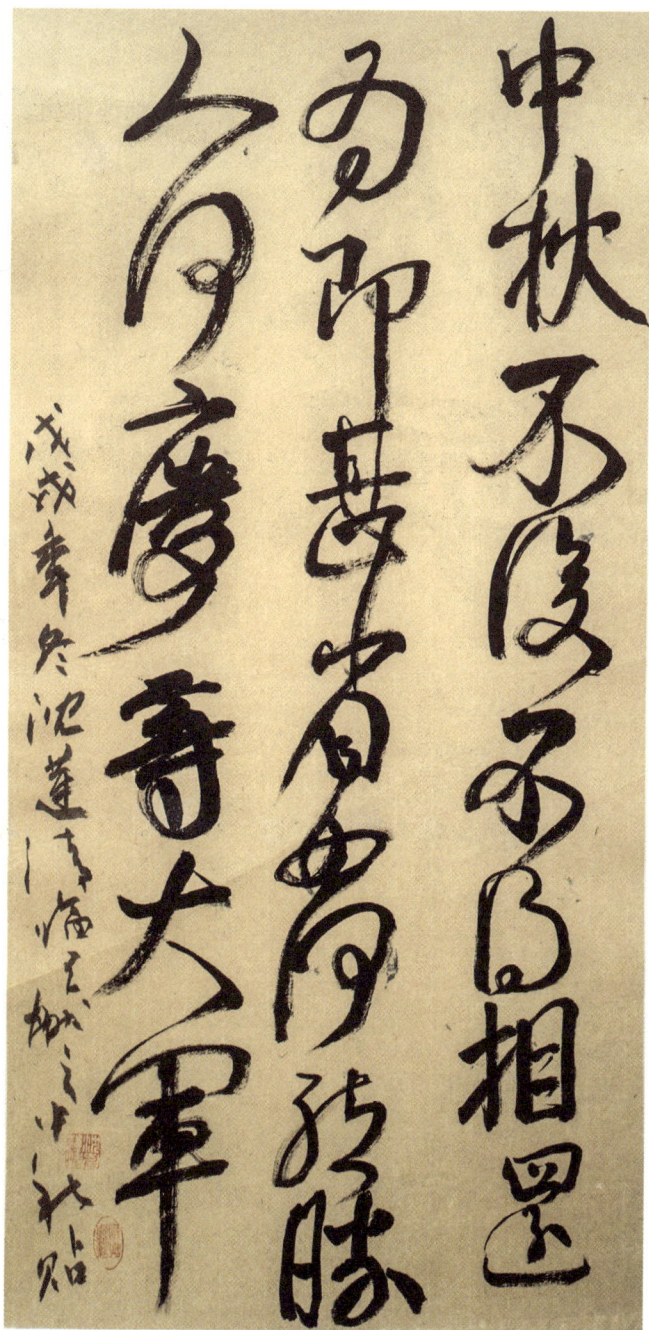

临王献之《中秋》帖

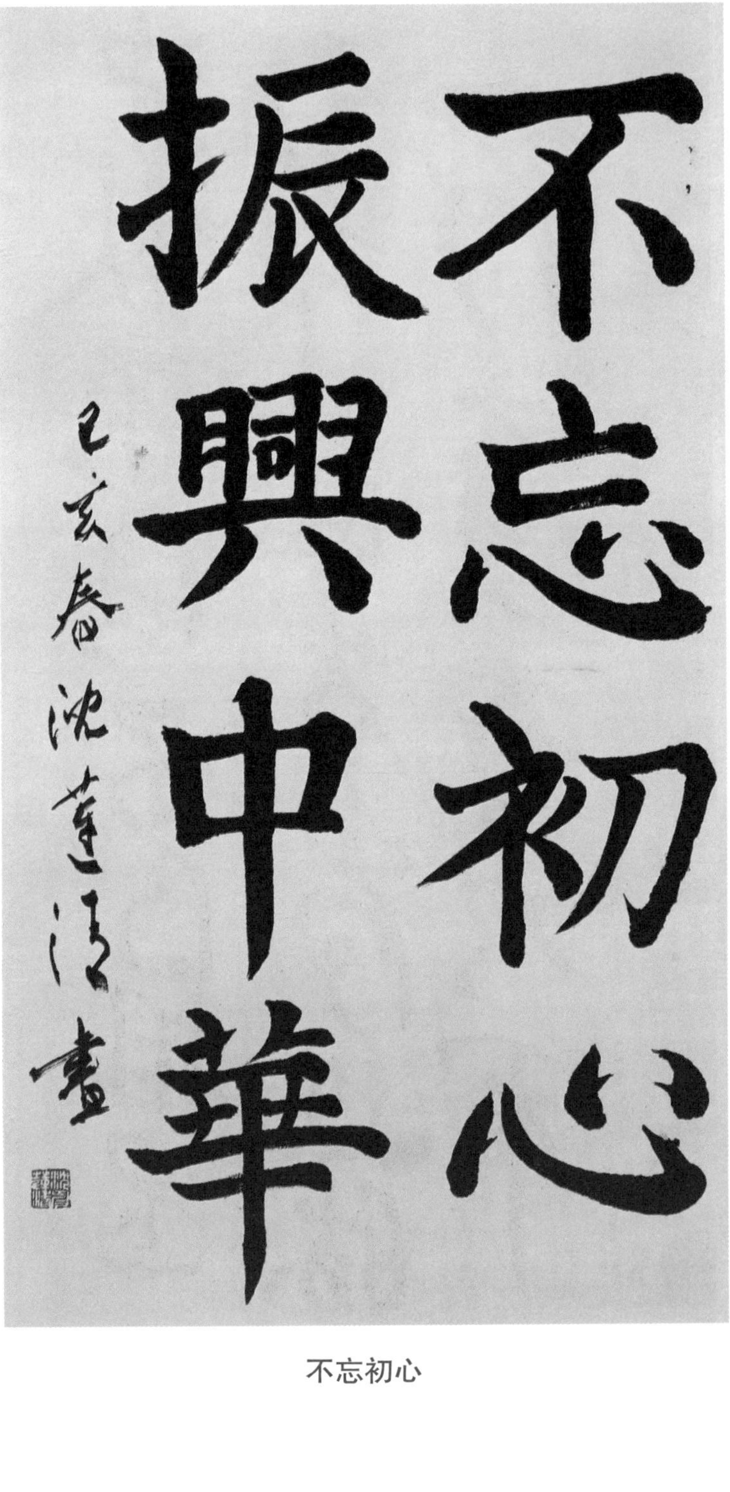

不忘初心
振興中華

乙亥春沈蓮清書

不忘初心

欣觀江山千里

歌頌祖國萬春

乙亥秋 沈菫清書

歌颂祖国

贺建国七十周年

梦想成真

己亥秋水蓬房书

梦想成真

腾飞

賀偉大祖國六十華诞乙亥秋沙蓮書蓮

騰飞

第十届全国人大会议工作照片

全国人大代表会议入场

全国人大会议开幕式

■聚焦浙江代表委员

农民工角色定位需要反思

□时报特派记者 史巧云 北京报道
>>详见 15 版

人大代表讨论议案

会议分组讨论

全国人大会议上选举国家领导人,人大代表投上庄重一票

全国人大会议期间,隆重庆祝三八妇女节

人大会议期间，接受法新社记者采访

天安门广场留影

浙江工商大学工作照片

参加中—澳国际合作项目的国际学术会议

中—英国际合作项目、访问 Leeds 市长

2010 年荣获浙江省科学技术一等奖

与徐悲鸿大师的夫人廖静文女士合影留念

获奖团队合影

和浙江大学沈之荃院士一起参会

澳大利亚国际学术会议休会期间遇森林鹦鹉

在下沙校区工作

回母校南京大学参加校庆活动

与所带毕业生合影

学术团队泰山行

浙江科技学院工作照片

在德国凯普顿大学与该校校长共签
两校友好合作办学协议

省教育厅组织专家考察中—德合作项
目的进展

学院接受全省教学评估并获得优良
成绩

杭工院（浙江科技学院前身）教学工
作研讨会

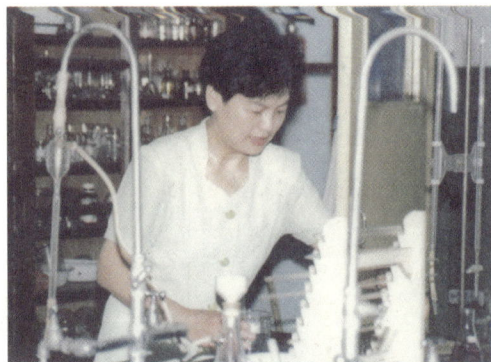

作者在实验室的部分科研工作

学院举办校庆活动

家乡亲友照片

2001 年马来西亚探亲合家欢

亲友相聚太湖湖畔花园

家人金边茶楼聚谈

2008 年陪同父亲与来大陆探亲的台湾
亲友在太湖景区西山明月湾团聚留影

后　记

　　我是土生土长的苏州人，出生和成长在这个有着千年历史的水乡古城，在小桥流水的沉静古朴和吴侬软语的耳鬓厮磨中度过了我的童年和青少年岁月，直到外出求学离开了故乡。之后，我去了与苏州并称"人间天堂"的另一座城市——杭州工作生活。时光荏苒，转瞬已是数十年，然而，在我心里故乡从未有过丝毫的远离和陌生。苏州，有生我养我的父母，有我的兄弟姐妹，我也因而无数次往返于苏、杭之间。来了又走，走了又来……留下许多深深浅浅的印记，这些印记慢慢沉淀，堆积成对这座城市的无限眷恋。恍兮惚兮，自己好像从来没有离开过她。

　　2007年5月，我从高校领导岗位退居二线后又投身科研教学，回到学校食品生物活性制品研究中心，以学科带头人和教授、博士生导师的身份带领团队开展工作，五年中再次获得浙江省科技进步奖一等奖和浙江省教学优秀成果奖一等奖各一项，直至2011年退休。离开了办公室和实验室的我，该如何重新规划设计自己的生活呢？经过思考，我决定开始学习摄影并定下一个目标：用手中的相机记录平凡真实的生活，待条件成熟的时候出版一本影集。这样做既能发挥自己写作方面的一些特长，又可以使原先的工作状态（长期在室内和案头）转为以户外活动为主。况且，我对摄影本身很感兴趣，这样既能提高摄影水平，又能拓宽视野、陶冶情操，既动手动脑还能运动健身，真可谓一举数得。

　　选择什么对象作为影集的主题？年近七旬的我，生活过的地方不少。我出生于苏州，在这里度过了我的青少年时代。1963年，从苏州市一中高中毕业考入南京大学，1968年12月大学毕业被分配到江苏省淮阴地区泗阳县，先是劳动锻炼三年，后在县化肥厂任中心化验室主任七年，在泗阳工作生活共十年。改革开放初的1978年，32岁的我考上浙江大学物理化学专业，师从金松寿教授攻读硕士研究生。研究生毕业后,先后在浙江工业大学、浙江科技学院和浙江工商大学担任学校行政和学术"双肩挑"工作。其间,曾作为高级访问学者由教育部公派至澳大利亚和荷兰,在国外工作生活近三年时间。其余近四十年的光阴,我都在杭州度过。同为天堂的苏杭二城,是我的第一故乡和第二故乡。照理来说,影集对象完全可以囊括苏州和杭州两地。然而,我心中最为眷恋的还是她——生我养我的故乡。生于斯,长于斯,情之深,爱之切,最终我还是义无反顾地选择了将苏州作为这本影集的主题。

通过手中镜头,故乡的美景似乎总也看不完、看不厌,令我如痴如醉,像着了魔一样。我从不同的角度欣赏着我心目中的苏州,记录着她的前世今生和种种美好。从懵懂少年到花甲老人,直到现在我才深切体会到,苏州是一册博古通今的典籍,需要用一生的时间去品味阅读。也许是因为上了年纪的缘故,苏州让我时时思念,难以忘怀。在苏州行摄的同时,我经常会在记忆深处搜寻我和故乡的那些往事,对故乡的情感因而更强烈、更执着,对故乡的发展变化更为关注。我十分清楚,这是因为我身上流淌的是故乡苏州的血。

说到苏州的发展变化,要特别提及两个标志性工程,一是古城干将路的拓宽改造,二是工业园区金鸡湖的开发建设。这两项"世纪工程"让千年古城发生了前所未有的巨变,也标志着苏州从此进入了一个崭新的时代。这样的变化,为苏州迈向现代化、国际化打下了坚实的基础;这样的变化,也为万千苏州百姓的生活带来了根本性改变。

拓宽了的干将路在成为苏州新名片的同时,也使几十条旧街巷在苏州的城市地图上永远地消失了,那些沿用了千百年的街巷地名从此成为历史。我家老房子所处的濂溪坊,1992年也因干将路改造而被拆除。所幸的是,为了保留该地名,从干将路通向建新巷的原财神弄现已更名为濂溪坊,并在干将东路宫巷南端(原松鹤板场段)干将河边建了一座"濂溪"牌坊,体现了古城保护和开发建设中的矛盾以及有关方面"既惋惜又无奈"的良苦用心。

老的濂溪坊拆了,我兄弟姐妹的新家大都被安置到位于城东的苏州工业园区,居住环境大大改善。金鸡湖是园区得天独厚的自然资源和人文景观,也是园区的美好象征和重要标志,充分展现了苏州古今交融的独特魅力。它是新苏州和大苏州的典范、现代化苏州和国际化苏州的窗口,造就了一方令人流连的城市自然景观与人文胜景,是现代都市人诗意栖居的心灵家园。与苏州古典园林相对应,以金鸡湖为核心的城市风貌已成为苏州新的知名景观、新世纪新天堂的新地标。

之所以着重说到干将路的改造和金鸡湖的建设，是为了表达对故乡的关注和眷恋，表达自己为故乡奉献此书的美好愿望和赤忱之心。

此书由"苏州景""苏州情""苏州味"三部分内容组成，根据主题配以相关图片，均从本人和摄影爱好者陈必谋同志等近年来在苏州拍摄的照片中挑选而出。为每张照片编写相应说明，是想达到图文并茂的目的，通过准确的文字表达，使读者了解该影像所表现的"历史""特征"及"内涵"，引领大家走近苏州、了解苏州、爱上苏州。一张照片，是一个故事；一组照片，是一段温馨的回忆，但愿每组照片能够带你领略"苏州景"、感受"苏州情"、品尝"苏州味"，每组照片能够为你讲姑苏故事、传姑苏文脉、续姑苏情怀。

"苏州景""苏州情""苏州味"三部分内容中，围绕主题各有几篇感悟随笔。尤其是"苏州情"部分，收录了《怀念我的父亲母亲》《三世同堂全家福》《我的三位恩师》等几篇文章，由悠悠乡情忆起浓浓亲情，从骨肉亲情、师恩难忘的角度表达我永远为之珍惜的那份深情，也借此缅怀纪念辛劳养育我的父母亲和献身教育的姑父以及全力培养教导我的三位恩师。

影集中还辑入了我退休后的几幅书画作品，是我近年在老年大学学习书法和国画的成果，尽管谈不上有较高的艺术水准，但也算是潜心研习、认真投入的产物。特此呈现，恳请方家提出宝贵意见。

本书所选照片涉及面很广，且作者水平和精力有限，缺失和误差在所难免，望读者批评指正，以便有机会再版时修改。此外，在编写照片说明时参照了众多书籍资料和网上相关信息，囿于篇幅不能一一列出，特向资料提供者表示衷心的感谢！

成书过程中得到许多亲朋好友、老同学、老同事的帮助与支持，如沈承霖、沈廉涓、顾斌、徐庚生等亲友，苏州市政府原副秘书长潘慰农，甪直镇副镇长顾汉民，画家张建春教授，画家蓝承恺教授，荷兰李英治教授，陈必谋、李康、范玉璀等老同学，在此一并表达谢意！

在本书修改定稿之时，喜逢中华人民共和国成立 70 周年大庆。在这喜庆的日子，谨以此书献给共和国 70 周年华诞，并衷心祝愿伟大祖国在中国共产党的英明领导下更加兴旺发达、繁荣昌盛。

沈蓬渲

2019 年 10 月